Die Abnahme

der

französischen Kriegsentschädigung 1870/71

in Strassburg i. E.,

auf Grund der Materialien des dortigen Landesarchivs dargestellt

von

Ludwig Gieseke,

Geh. Rechnungsrat im Ministerium für Elsass-Lothringen.

Mit einem **Vorwort** des Wirkl. Geh. Rats **Dr. von Schraut,** Unterstaatssekretärs im Ministerium für Elsass-Lothringen, und dem von **Léon Say** am 5. August 1874 an die französische Nationalversammlung erstatteten Bericht **„über die Zahlung der Kriegsentschädigung und die von ihr verursachten Bewegungen auf dem Geld- und Wertpapiermarkt“** als Anhang.

Veröffentlicht

vom

Centralverband des Deutschen Bank- und Bankiergewerbes (E. V.)

Berlin 1906.

J. Guttentag, Verlagsbuchhandlung,

G. m. b. H.

Von der Auffassung ausgehend, dass die Förderung des wissenschaftlichen Studiums des Bankwesens zu den vornehmsten Aufgaben einer Berufsvereinigung von Banken und Bankiers gehört, bringen wir in vorliegendem Heft, dank der gütigen Vermittelung Seiner Excellenz des Herrn Unterstaatssekretärs Dr. von Schraut, Materialien über einen in der politischen wie in der Bankgeschichte einzig dastehenden Vorgang zur Veröffentlichung.

Angesichts der vielbeklagten Spärlichkeit der über die Zahlung der französischen Kriegsentschädigung vorhandenen Quellen dürfen wir hoffen, dass diese Veröffentlichung dem Historiker und dem Nationalökonomen nicht unwillkommen sein wird. Aber auch für den praktischen Politiker werden die hier geschilderten Ereignisse und Zusammenhänge von nicht geringerem Interesse sein; denn sie verschaffen dem Leser eine deutliche Vorstellung davon, wie wenig in Zeiten, welche eine Konzentrierung von Kapitalien zu nationalen Zwecken erheischen, ein entwickeltes Banksystem und ein gut organisierter Geldmarkt entbehrt werden können.

Als Anhang fügen wir — mit unerheblichen Kürzungen — eine bis jetzt noch nicht vorhandene deutsche Übersetzung des von Léon Say in der Sitzung der französischen Nationalversammlung vom 5. August 1874 erstatteten Berichts bei, der ein anschauliches Bild der durch die Zahlung der Kriegsentschädigung verursachten Bewegungen auf dem Geld- und Wertpapiermarkt darbietet.

Berlin, im November 1905.

Centralverband des Deutschen Bank- und Bankiergewerbes (E. V.)

Dr. Riesser, Geh. Justizrat,
Vorsitzender.

Vorwort.

Zu den grossen Umwälzungen der letzten Jahrzehnte gehört die gewaltige Ausdehnung der internationalen Bewegung des Geldkapitals. Ohne Schranken in Zeit und Ort findet nicht nur bei aussergewöhnlichen Vorkommnissen, sondern auch im regelmässigen täglichen Betrieb ein überaus umfangreicher Umsatz von Geldwerten im internationalen Verkehr statt. Es bietet einen hohen Reiz, den wirtschaftlichen und finanziellen Ursachen und Wirkungen der bedeutungsvolleren Vorgänge auf diesem Gebiete nachzugehen und auch die mechanischen Formen und Mittel zu beobachten, in denen sich dieser Verkehr vollzieht. Die grösste Rolle spielt hierbei der internationale Wechselverkehr, für dessen vielverzweigte Entwicklung die Wechselkurse ein zuverlässiges Barometer bilden.*) Unter den aussergewöhnlichen Ereignissen der internationalen Geldbewegung ist die Zahlung der grossen französischen Kriegsentschädigung für 1870/71 von besonderem Interesse. Léon Say hat hierüber in der Sitzung der französischen Nationalversammlung vom 5. August 1874 einen sehr lehrreichen Bericht erstattet. Der grösste Teil der Kriegsentschädigung wurde in den Jahren 1871 bis 1873 in Strassburg gezahlt, und zwar im Betrage von 2 Milliarden 844 Millionen Franken, wovon rund 2 Milliarden 97 Millionen in Wechseln. Einer Anregung

*) Vgl. meine Schrift: Die Lehre von den auswärtigen Wechselkursen unter besonderer Berücksichtigung der deutschen Verhältnisse. Leipzig. Verlag von Dunker & Humblot. 1882. Zweite Auflage.

des Centralverbands des Deutschen Bank- und Bankiergewerbes entsprechend, hat auf meine Veranlassung Geheimer Rechnungsrat Gieseke in der vorliegenden Schrift auf Grund der im Landesarchiv zu Strassburg vorhandenen Materialien die Art und Weise geschildert, in der sich die Abnahme der französischen Kriegsentschädigung in Strassburg vollzog. Die Abhandlung bietet einen erschöpfenden Ueberblick über die Einzelheiten dieses denkwürdigen Vorgangs. Sie ermöglicht durch die genaue Angabe der Zahlungstermine und verschiedenen Wechselplätze, die Rückwirkung der einzelnen Wechsel- und Bargeldzahlungen auf den internationalen Geldmarkt der damaligen Zeit in finanzieller und wirtschaftlicher Beziehung weiter zu verfolgen.

Strassburg i. Elsass, im November 1905.

Dr. v. Schraut,
Wirklicher Geheimer Rat.

Nach Art. II der Friedens-Präliminarien vom 26. Februar 1871 (R.G.Bl. S. 215) hatte Frankreich eine Kriegsentschädigung von fünf Milliarden Franken, davon mindestens eine Milliarde im Laufe des Jahres 1871, den Rest im Laufe dreier Jahre zu zahlen. Nach Einzahlung der ersten halben Milliarde sollte die Räumung der vorläufig von den deutschen Truppen besetzt bleibenden Departements zwischen dem rechten Ufer der Seine und der Ostgrenze Frankreichs allmählich erfolgen und zwar zunächst der Departements Somme, Oise und der auf dem rechten Seineufer gelegenen Teile der Departements Untere Seine, Seine-Oise und Seine-Marne, sowie des Teils des Departements Seine innerhalb der Forts und auf dem rechten Seineufer. Nach Zahlung von zwei Milliarden sollten nur noch die Departements Marne, Ardennen, Obere Marne, Meuse, Vogesen, Meurthe, und die Festung Belfort als Pfand für die noch rückständigen 3 Milliarden besetzt bleiben. Diese 3 Milliarden sollten vom Tage der Ratifikation ab mit 5 % verzinst werden. In Art. 7 des Friedensvertrages vom 10. Mai 1871 (R.G.Bl. S. 223) wurden diese Abmachungen dahin geändert, dass 500 Millionen Franken innerhalb 30 Tagen nach Wiederherstellung der Autorität der französischen Regierung in Paris durch Niederwerfung des Kommune-Aufstandes, eine weitere Milliarde im Laufe des Jahres 1871 und eine halbe Milliarde am 1. Mai 1872, die restierenden 3 Milliarden aber am 2. März 1874 bezahlt, letztere vom 3. März 1871 ab mit 5 % verzinst werden sollten. Vorauszahlung gegen Zinswegfall war zulässig.

Alle Zahlungen sollten nur in den hauptsächlichsten Handelsplätzen Deutschlands in Metall, Gold oder Silber, in Noten der Bank von England, der Preuss. Bank, der Königl. Bank der Niederlande, der Nationalbank von Belgien, in Anweisungen auf Order oder diskontierbaren Wechseln ersten Ranges, sofort zahlbar, geleistet werden. Der Umrechnungskurs für den Taler wurde auf 3,75 Frcs. festgesetzt. Die Bestimmungen der Präliminarien wegen der Räumung wurden etwas geändert. Nach Zahlung der ersten halben Milliarde sollten die Departements Somme, Untere Seine und Eure geräumt werden. Die Räumung der Departements Oise, Seine-Oise, Seine-Marne und Seine, sowie der Forts von Paris sollte jedoch erst stattfinden, sobald die deutsche Regierung die Herstellung der Ordnung sowohl in Frankreich als in Paris für genügend erachtete, um die Ausführung der von Frankreich übernommenen Verpflichtungen sicher zu stellen. In allen Fällen sollte diese Räumung bei Zahlung der dritten halben Milliarde stattfinden. Von der ersten halben Milliarde durften Abzüge nicht gemacht werden. Dagegen wurden in dem Zusatzartikel Nr. 6 die Eigentumsrechte an den der Ostbahn gehörenden und konzessionierten Eisenbahnlinien in Els.-Lothr. gegen eine Gegenleistung von 325000000 Fr. von Deutschland erworben, welche Summe bei den weiteren Zahlungen in Anrechnung kommen konnte. Ferner bot die Deutsche Regierung 2000000 Fr. für die Abtretung der Rechte an, welche die Ostbahn auf den Teil ihres in der Schweiz von der Grenze bis Basel gelegenen Netzes besass.

In der Übereinkunft vom 21. Mai 1871 (R.G.Bl. S. 243) wurden die Zahlungsbedingungen dahin geändert, dass bei der ersten halben Milliarde 125000000 Fr. in Noten der Bank von Frankreich, mit 40 Millionen bis 1. Juni, mit 40 Millionen bis 8. Juni, mit 45 Millionen bis 15. Juni, möglichst in Noten von 100, 50 und 20 Fr. in

Strassburg, Metz oder Mülhausen geleistet werden können, und dass in Anrechnung auf die zweite halbe Milliarde innerhalb der auf den Zahlungstermin der ersten halben Milliarde folgenden 60 Tage eine Summe von 125 000 000 Fr. zu zahlen war.

In der Konvention vom 12. Oktober 1871 (R.G.Bl. S. 369) verpflichtete sich die deutsche Regierung, die Departements Aisne, Aube, Côte d'Or, Obere Saone, Doubs und Jura binnen 15 Tagen nach Ratifikation zu räumen, die französische Regierung dagegen, die vierte halbe Milliarde und 150 Millionen auf die Zinsen für den Rest vom 15. Januar bis 1. Mai 1872 zu bezahlen. Im Falle der Nichteinhaltung dieser Fristen war der deutschen Regierung das Recht der Wiederbesetzung vorbehalten.

In der Konvention vom 29. Juni 1872 (R.G.Bl. S. 266) verpflichtete sich Frankreich, die letzten 3 Milliarden abzutragen mit

500 000 000	Fr.	zwei Monate nach der am 7. Juli erfolgten Ratifikation, also 7. September 1872,
500 000 000	Fr.	am 1. Februar 1873,
1 000 000 000	„	am 1. März 1874,
1 000 000 000	„	am 1. März 1875,

behielt sich aber dabei das Recht der früheren Zahlung in Beträgen von mindestens 100 000 000 Fr. vor. Deutschland verpflichtete sich dagegen, vierzehn Tage nach Zahlung einer halben Milliarde die Departements Marne und Obere Marne, vierzehn Tage nach Zahlung der zweiten Milliarde die Departements der Ardennen und der Vogesen und vierzehn Tage nach Zahlung der dritten Milliarde nebst den Zinsen die Departements der Maas, Meurthe-Mosel sowie das Arrondissement Belfort zu räumen.

Eine Wirkung der Zahlungen seitens Frankreichs war somit eine regelmässig fortschreitende Räumung des besetzten Landes von deutschen Truppen. Um diese Räumung zu erreichen, wurden die Zahlungen so beschleunigt, dass bereits im *September* 1873 ganz Frankreich von den deutschen Truppen geräumt werden konnte.

Nach dem Vorstehenden musste Frankreich zahlen:

I	500 000 000	Fr.	im Juni 1871
	125 000 000	„	im August 1871
	875 000 000	„	bis Ende 1871
II	650 000 000	„	vom 15. Januar bis 1. Mai 1872 (einschl. 150000000 Fr. Zinsen.)
III	500 000 000	„	bis 7. September 1872
	500 000 000	„	am 1. Februar 1873
IV	1 000 000 000	„	am 1. März 1874
	1 000 000 000	„	und den Rest der Zinsen am 1. März 1875.

Wie die Zahlung wirklich erfolgt ist, kann hier nicht im ganzen angegeben werden. *Ein grosser Teil der* Abnahme der Kriegsentschädigung vollzog sich in *Strassburg, und nur dieser erheblichste Teil kann hier geschildert werden.* Die Schwierigkeit lag hier hauptsächlich in der Abnahme der Zahlungen in Silbergeld, welche hier fast ausschliesslich erfolgte, und in der Unterbringung dieser ganz ausserordentlich hohen Beträge sowie deren Wiederwegschaffung.

Zunächst wurde vom Reichskanzler der Generalgouverneur und von diesem Regierungsrat Ulrich in Strassburg bevollmächtigt, die nach der Uebereinkunft vom 21. Mai 1871 am 1. Juni 1871 zahlbaren 40 Millionen in französischen Banknoten namens des Reiches anzunehmen. Die Zahlung erfolgte am 1. Juni mit 30 Millionen in 1000 Fr.-Noten, mit 5 Millionen in 500 Fr.-Noten, mit 4 Millionen in 100 Fr.-Noten und mit 1 Million in 20 Fr.-Noten. Die französischen Kommissare wiesen dabei entschuldigend darauf hin, dass den Vereinbarungen entsprechend kleinere Appoints in *grösseren* Summen wegen der Schwierigkeit des Transportes aus Paris jetzt nicht geliefert werden könnten und versprachen Nachlieferung bei den folgenden Zahlungen.

In gleicher Weise wurden eingezahlt:

am 8. Juni 1871 40 Millionen und zwar:

26	Millionen	in Stücken	zu	1000	Fr.	
7½	„	„	„	500	„	
6½	„	„	„	100	„	;

am 15. Juni 1871 45 Millionen und zwar:

30	Millionen	in Stücken	zu	1000	Fr.
8	„	„	„	500	„
6	„	„	„	100	„
1	„	„	„	20	„

Statt der vereinbarten Zahlung in Noten von 100, 50 und 20 Fr. erfolgte mithin nur die Zahlung eines geringen Bruchteiles in diesen kleineren Stücken.

Die letzten beiden Raten von 85 Millionen wurden der Seehandlung zum Vertrieb überwiesen, während die ersten 40 Millionen der Landeshauptkasse zu Zahlungen für Rechnung des Reiches (Beschiessungs- und Kriegsschäden) überwiesen waren.

Zu welchem Kurse die 85 Millionen der Seehandlung überwiesen sind, ist in Strassburg nicht bekannt geworden. Die Seehandlung hat 79 Millionen der Diskonto-Gesellschaft in Berlin, 4 Millionen an Dreyfus-Jeidels in Frankfurt überlassen und 2 Millionen an Strassburger Bankhäuser, letztere gegen Ersatz durch Taler zum Kurse von 100 Tlr. = 375 Fr. überwiesen.

Am 6. Juli 1871 erteilte der Reichskanzler dem Generalgouverneur Graf Bismarck-Bohlen Vollmacht, allgemein Zahlungen der französischen Regierung auf die durch den Friedensvertrag festgesetzte Kriegsentschädigung anzunehmen und der französischen Regierung darüber zu quittieren. Diese Vollmacht ging am 8. September 1871 auf den Oberpräsidenten von Möller über. Mit der tatsächlichen Abnahme und Verwahrung der Werte waren zunächst die Regierungsräte Rembe und von Sybel und der Regierungs-Sekretär Carow, nach Versetzung des ersteren nach Potsdam von 1872 ab der Regierungsrat Pietzsch und der Regierungs-Sekretär Gieseke betraut. Daneben war bei der Abnahme mit tätig der Regierungs-

Sekretär Otto, welcher längere Jahre in Frankreich gelebt hatte. Letzterer Umstand war für die Abwickelung des Geschäftes günstig, weil die mit der Überlieferung betrauten französischen Kommissare sämtlich der deutschen Sprache unkundig waren.

Die vorgenannten deutschen Beamten sind bis auf den Verfasser gestorben. Rembe als Geheimer Oberrechnungsrat in Potsdam, von Sybel als pensionierter Ministerialrat in Karlsruhe, Pietzsch als Ministerialrat, Carow als Ministerial-Sekretär und Otto als Direktor des Landesausschusses in Strassburg.

Nach den erteilten Instruktionen waren anzunehmen:

a) Münzen des 30 Talerfusses, der süddeutschen Währung und der österreichischen Währung unter Berechnung des Franken zu 8 Silbergroschen, 28 süddeutschen und 40 österreichischen Kreuzern.
b) Sovereigns (Lstr.) zu . 25,22 Fr.
c) Niederländische Gulden zu 2,10 „
d) Bremische Goldtaler . . 4,15 „
e) Mark Banco zu . . . . 1,872717 Fr.
f) Deutsche Mark zu . . . 1,25 Fr.
Päpstliche Münzen waren ausgeschlossen.
g) Deutsches Staatspapiergeld, preussische Banknoten, Noten der Bank von England, der Königl. Bank der Niederlande und der belgischen Nationalbank.

Eine Umrechnung der eingezahlten Gelder und Effekten auf Frankenwährung wurde nur zu dem Zweck vorgenommen, um die eingezahlten Beträge in einer Summe ersehen und ermessen zu können, ob die bis zu einem bestimmten Tage fälligen Summen seitens Frankreichs ungefähr gezahlt waren. Frankreich gegenüber war diese Umrechnung unverbindlich.

Die Grundlage für die Tarifierung der deutschen Geldsorten und des Franken bildete die Verordnung des General-Gouverneurs im Elsass vom 8. November 1870, welche mit Gesetzeskraft in der Strassburger Zeitung Nr. 91 vom 9. November 1870 veröffentlicht wurde und später in allen besetzten Departements in Frankreich gehandhabt ist. Dieselbe bestimmt:

„In allen Zahlungen muss der preussische Taler zu 3,75 Fr. und der französische Franken zu 8 Silbergroschen angenommen werden. Danach entsprechen 4 Taler = 7 Gulden rheinisch = 15 Franken = 6 Gulden österreichisch."

Für die Abnahme und Quittungsleistung wurden folgende Regeln aufgestellt:

1. Papiergeld wird nur nach spezieller Nachzählung und Ausstossung nicht annahmefähiger Stücke abgenommen und demnächst darüber ohne Vorbehalt quittiert.
2. Über Wechsel wird nur eine die Stückzahl derselben und die Wechsel-Nominal-Summe (nach den Währungen gesondert) angebende Empfangsbescheinigung ausgestellt.
3. Über Metallgeld wird im allgemeinen nach Massgabe der französischen Deklaration unter Vorbehalt, dass die französische Regierung für die bei der späteren Nachzählung sich ergebenden Fehlbeträge aufkommt, quittiert, sofern Zahl und Deklaration der Fässer, Säcke usw. mit der Nachweisung übereinstimmt.
4. Die Wechsel sind sofort mit einem Verzeichnisse, welches den Aussteller, den Bezogenen, den Nennwert nach der Ausstellung, den Tag der Ausstellung und der Fälligkeit angibt, an die Reichshauptkasse zu senden. Erst im Laufe des Geschäfts wurde die Angabe des Ausstellers nachgelassen.

Banknoten wurden in Strassburg sehr wenig eingezahlt. Dieselben wurden sofort der Landeshauptkasse für Rechnung der Reichshauptkasse überwiesen.

Goldmünzen und das deutsche Silbergeld wurden sofort oder sobald als angängig an die Reichshauptkasse zu Prägungszwecken und nach Bestimmung des Reichskanzlers an deutsche Regierungen übersandt. Die Silbermünzen der Frankenwährung (nur 5 Fr.-Stücke) verblieben in

Strassburg. Dieselben wurden hier zu den dem Reiche obliegenden Zahlungen verwandt, bezw. aus den Landeseinnahmen dem Reiche durch eingehendes Gold, deutsche Banknoten und deutsches Silbergeld ersetzt, auf Weisung des Reichskanzlers zu Goldankäufen benutzt oder an Bankhäuser gegen in Berlin zu zahlenden Wertersatz abgegeben. Zur Unterbringung dieser grossen Silbermassen mussten besondere Einrichtungen getroffen werden. Es wurden zur Unterbringung nacheinander und nebeneinander, zum Teil bei dem höchsten Bestande von 226 Millionen Franken (Sept. 1873) gleichzeitig, ausser dem gewöhnlichen Geldgewölbe der Landeshauptkasse benutzt

a) zwei Gewölbe in dem am damaligen Bahnhofe gelegenen Hauptsteueramtsgebäude, an dessen Stelle jetzt die Synagoge steht,

b) ein Aufbewahrungsraum in dem damaligen Polizeidirektionsgebäude, jetzt Mülhäuser Bank in der Brandgasse, welcher als Vorratskammer in einer privaten Haushaltung diente und auch während der Belegung mit Geld zur Aufbewahrung von geräucherten Fleischwaren benutzt wurde. Da der Raum unter Doppelverschluss stand, mussten die beiden Beamten jedesmal mitwirken, wenn Bedarf nach den Fleischwaren für die Küche eintrat. Der Raum war unzweckmässig und wurde nach Herstellung des folgenden aufgegeben;

c) ein durch Aufführung einer Mauer in dem grossen Keller unter dem Nebengebäude des jetzigen Statthalterpalais hergestelltes Gewölbe,

d) ein im ersten Stock des früheren Münzgebäudes in der Münzgasse befindlicher gewölbter Raum, welcher mit dem Wappen zweier Stättemeister von Strassburg aus dem 17. Jahrhundert versehen war,

e) auch ein im Erdgeschoss daselbst gelegener Keller, welcher später zur Aufbewahrung des Brennholzes benutzt wurde.

In der ersten Periode brachten die französischen Kommissare die zu überliefernden Wertbestände in die Räume der früheren französischen Bank, jetzigen Reichsbank, und übergaben solche dort tageweise an die deutschen Beamten. Dabei musste wegen der unregelmässigen Verpackung eine Zählung des Silbergeldes erfolgen. Diese erwies sich aber bald als unmöglich. Die ersten Zahlungen bestanden zu einem grossen Teile in deutschem Silbergelde, Talern, Doppeltalern, $^1/_3$ und $^1/_6$ Tlr.-Stücken, 1 fl. und $^1/_2$ fl.-Stücken. Das Gewicht der Münzen war verschieden und die Verpackung ungleichmässig. Bezüglich dieser Beträge wurde daher eine spezielle Nachzählung vorgenommen, zu welchem Zwecke ein grosses Zählpersonal aus Karlsruhe und Kassel hierher berufen und mehrere Monate beschäftigt wurde. Die verhältnismässig geringen Differenzen, welche sich dabei gegenüber den hohen Kosten ergaben, führten aber dazu, dass auf die Nachzählung in Strassburg verzichtet wurde und die Ausgleichung der Differenzen, welche sich bei einer späteren Auszählung durch die empfangende Stelle ergaben, vorbehalten wurde. Es sind in dieser Beziehung fast keine Differenzen zur Anmeldung gekommen. Später erfolgte die Abnahme des Metallgeldes im Bahnhofe. Die französischen Kommissare bezahlten die Kosten des Transports in die Kassenräume, welcher von den deutschen Beamten an ihrer Stelle besorgt wurde. Die Goldsäcke wurden im Eisenbahnwagen gewogen, etikettiert und sofort zur Absendung nach Berlin usw. verladen. Die Silbersäcke wurden nach ihrer Stückzahl übernommen und in die Kassengewölbe befördert.

Eine erhebliche Summe in italienischen Fünffrankenstücken mit Verschluss der Nationalbank in Mailand wurde auch eingeliefert. Deren Verpackung war in Kisten — Würfelform ohne jede Handhabe — zu 15 000 Fr. erfolgt, für den Transport in und aus den Gewölben die ungeschickteste Form. Das Gewicht der Kisten war etwa 2 Zentner.

Die Verpackung des Goldes war stets in Beuteln:

bei 20	Fr.-Stücken	zu 20 000	Fr.
„ 10	„	„ 10 000	„
„ 5	„	„ 5 000	„

Diese waren in einem grossen Beutel vereinigt zu 200 000 Fr. Abweichend von den in Deutschland bestehenden Gewohnheiten, wurde von den Franzosen auch der Wert der Verpackung in Rechnung gestellt und zwar der kleine Beutel zu 10 Cent., der grosse Beutel zu 1,65 Fr. Der grosse Beutel war am Fuss mit einem Griff-Wulst versehen und an der Blume plombiert. In gleicher Weise war die Verpackung des Silber-Frankengeldes, Beutel zu 1000 Fr., vereinigt in grosse Beutel zu 10 000 Fr., Preis der Beutel wie vorher.

Die Verpackung des deutschen Silbergeldes war ungleichmässig, die Beutelpreise wurden zu gleichem Satze in Anrechnung gebracht.

Ob die Preise der Verpackungen in Berlin in Anrechnung zugelassen sind, ist hier nicht zur Kenntnis gekommen. Zu einer Mitteilung hierher lag eine Veranlassung um so weniger vor, als die Zahlungen der Franzosen in der Regel mehr betrugen, als sie deklariert hatten. Dies hatte seinen Grund in dem Umstande, dass sie die $^1/_6$ Tlr.-Stücke so, wie sie in Frankreich während des Krieges im kleinen Verkehr im Umlauf waren, nämlich zu 60 Cent. = 12 Sous, anrechneten, während sie zu $62^1/_2$ Cent. zu berechnen waren. Über den hierüber stattgehabten Ausgleich ist hier nichts bekannt geworden.

In der ersten, das Jahr 1871 umfassenden Periode wurden die Zahlungen an deutschem Silber sämtlich nachgezählt. Unter denselben waren stets geringe Beträge in fremden Münzen enthalten, welche indes zu dem Pari-Werte angenommen wurden. Nicht mehr kursfähige oder sonst ungiltige Münzen wurden zurückgegeben. Das geschah auch mit falschen oder nicht umlauffähigen Noten und Kassenanweisungen. Kamen doch eines Tages selbst Reklamescheine für die 1870 oder 1871 in Hamburg stattgefundene Gartenbau-Ausstellung, welche in der Form preussischer 25 Tlr.-Banknoten gedruckt waren, zur allgemeinen Erheiterung zur Einlieferung. Zu damaliger Zeit kamen in Norddeutschland derartige Reklamebilder, welche Unkundigen wohl als Papiergeld erscheinen konnten, mehrfach vor; sie glichen in Farbe und Druckanordnung den 25 Tlr.-Banknoten. Verfasser erinnert sich noch derartiger Scheine einer Branntweinbrennerei in Steinhagen, welche damit ihren Steinhäger Branntwein unter scheinbarer Auslobung von 25 Tlr. anpries. Dass solche Scheine aber auf dem Wege durch verschiedene Bankhäuser oder Kassen in die französische Staatskasse gelangen und von dieser als Banknoten angesehen werden konnten, erschien doch wunderbar.

Mitte September schloss die erste Periode der Einzahlungen. Von den bis Ende 1871 einzuzahlenden $1^1/_2$ Milliarden waren in Strassburg 1 068 311 638,73 Fr. eingeliefert und zwar:

109 000 000	Fr.	in französischen	Goldmünzen,
41 020 805	„	„ „	Silbermünzen,
125 000 000	„	„ „	Banknoten,
44 823 985	„	„ deutschen Silbermünzen,	
30 695 195	„	„ deutschen, englischen, holländischen und belgischen Banknoten und	
717 771 593	„	„ Wechseln (nach Abrechnung von 13 209 Fr. nicht eingelösten, zurückgegebenen Wechseln).	

Ausserdem waren von den Franzosen 24 974,60 Fr. für Geldbeutel in Anrechnung gebracht.

Die Tage der Einzahlung dieser ersten Rate, nachstehend als 1. Periode bezeichnet, (der Übersichtlichkeit wegen wird der Nachweis nach den vier Zahlungsperioden beibehalten) und die übergebenen Werte ergeben sich aus umstehender Übersicht:

Die Summen der einzelnen Werte bei französischen Gold- und Silbermünzen entsprechen nicht immer den in den betr. Münzen darstellbaren Beträgen. Das hat seine Ursache darin, dass ab und zu kleine Beträge anderer Münzen darunter enthalten waren. Deren Ausscheidung unterblieb als nicht wesentlich, soweit die Münzen nicht zurückzuweisen waren. Es wurden 4342 Wechsel in Zahlung gegeben. Diese sind nachstehend nach den

Einzahlungen.

Nr.	Datum	Gold (französisch)		Silbergeld				Banknoten und Kassenanweisungen				Wechsel		Summe aller Zahlmittel	
				deutsch		französisch		deutsch usw.		französisch					
	1871	Fr.	Ct.	Fr.	Ct.	Fr.	Ct.	Fr.	Ct.	Fr.	Ct.	Fr.	Ct.	Fr.	Ct.
1	1. Juni	—	—	—	—	—	—	—	—	40 000 000	—	—	—	40 000 000	—
2	8. „	—	—	—	—	—	—	—	—	40 000 000	—	—	—	40 000 000	—
3	15. „	—	—	—	—	—	—	—	—	45 000 000	—	—	—	45 000 000	—
4	8. Juli	—	—	—	—	—	—	—	—	—	—	50 791 346	69	50 791 346	69
5	10. „	—	—	—	—	—	—	4 409 191	25	—	—	66 510 478	10	70 919 669	35
6	11. „	—	—	13 818 208	92	—	—	—	—	—	—	—	—	13 818 208	92
7	12. „	—	—	9 142 373	38	—	—	—	—	—	—	—	—	9 142 373	38
8	13. „	—	—	250 627	34	—	—	4 677 669	88	—	—	—	—	4 928 297	22
9	14. „	—	—	389 881	47	—	—	—	—	—	—	26 856 557	90	27 246 439	37
10	15. „	—	—	310 750	53	7 000 000	—	—	—	—	—	—	—	7 310 750	53
11	17. „	—	—	692 021	11	—	—	—	—	—	—	2 033 676	—	2 725 697	11
12	18. „	20 000 000	—	224 992	50	6 000 000	—	140 348	04	—	—	23 424 742	80	49 790 083	34
13	19. „	—	—	449 701	49	—	—	—	—	—	—	—	—	449 701	49
14	20. „	—	—	170 572	31	—	—	351 429	72	—	—	—	—	522 002	03
15	21. „	—	—	509 603	43	—	—	91 517	67	—	—	10 462 905	71	11 064 026	81
16	22. „	—	—	438 995	14	5 000 000	—	—	—	—	—	—	—	5 438 995	14
17	24. „	—	—	434 613	83	—	—	244 752	85	—	—	—	—	679 366	68
18	25. „	—	—	349 342	32	—	—	709 383	75	—	—	—	—	1 058 726	07
19	26. „	—	—	661 600	26	—	—	712 983	75	—	—	—	—	1 374 584	01
20	27. „	—	—	709 982	97	—	—	551 655	—	—	—	—	—	1 261 637	97
21	28. „	—	—	538 492	36	—	—	—	—	—	—	—	—	533 492	36
22	29. „	—	—	535 214	83	—	—	—	—	—	—	—	—	535 214	83
Zu übertrag.		20 000 000	—	29 621 974	19	18 000 000	—	11 888 931	91	125 000 000	—	180 079 707	20	384 590 613	30

Nr.	Datum 1871	Gold (französisch) Fr.	Ct.	Silbergeld deutsch Fr.	Ct.	Silbergeld französisch Fr.	Ct.	Banknoten und Kassenanweisungen deutsch usw. Fr.	Ct.	Banknoten und Kassenanweisungen französisch Fr.	Ct.	Wechsel Fr.	Ct.	Summe aller Zahlmittel Fr.	Ct.
Übertrag		20 000 000	—	29 621 974	19	18 000 000	—	11 888 981	91	125 000 000	—	180 079 707	20	884 590 618	80
23	31. Juli	—	—	531 943	47	—	—	136 823	03	—	—	—	—	668 766	50
24	1. Aug.	—	—	487 478	85	—	—	478 001	25	—	—	—	—	965 480	10
25	2. „	—	—	628 733	75	1 203	75	282 245	70	—	—	151 579 040	38	152 491 223	58
26	3. „	—	—	180 000	—	—	—	—	—	—	—	—	—	130 000	—
27	4. „	—	—	247 695	—	5 000 300	—	9 450 000	—	—	—	—	—	14 697 995	—
28	5. „	—	—	330 750	—	5 000 000	—	1 761 428	57	—	—	—	—	7 092 178	57
29	7. „	—	—	650 739	02	—	—	—	—	—	—	—	—	650 739	02
30	8. „	—	—	678 088	13	—	—	799 494	64	—	—	—	—	1 477 582	77
31	9. „	—	—	854 711	40	—	—	—	—	—	—	—	—	854 711	40
32	10. „	—	—	654 949	49	5 632	55	433 699	28	—	—	—	—	1 094 281	32
33	11. „	—	—	630 510	22	1 481	48	17 613	75	—	—	—	—	649 605	45
34	12. „	—	—	402 497	11	—	—	257 874	09	—	—	—	—	660 371	20
35	14. „	—	—	200 360	45	—	—	98 260	71	—	—	—	—	298 621	16
36	16. „	—	—	506 770	51	—	—	255 301	59	—	—	—	—	762 072	10
37	17. „	—	—	387 505	53	1 744	20	68 535	—	—	—	—	—	407 784	73
		nicht eingelöste zurückgegebene Wechsel										— 2 467	50	— 2 467	50
38	18. „	—	—	494 517	21	—	—	—	—	—	—	—	—	494 517	21
39	19. „	—	—	842 426	70	—	—	—	—	—	—	—	—	842 426	70
40	20. „	—	—	—	—	—	—	396 068	14	—	—	114 419 988	25	114 816 056	39
41	21. „	—	—	97 497	28	—	—	—	—	—	—	—	—	97 497	28
42	22. „	7 000 000	—	376 889	10	—	—	—	—	—	—	—	—	7 876 889	10
43	23. „	5 000 000	—	383 523	46	—	—	183 308	89	—	—	—	—	5 566 832	35
44	24. „	9 000 000	—	—	—	8 000 000	—	680 863	45	—	—	26 132 708	73	43 813 572	18
Zu übertrag.		41 000 000	—	9 089 560	87	36 010 861	98	27 188 450	91	125 000 000	—	472 208 977	06	740 497 849	91

Nr.	Datum 1871	Gold (französisch) Fr.	Ct.	Silbergeld deutsch Fr.	Ct.	Silbergeld französisch Fr.	Ct.	Banknoten und Kassenanweisungen deutsch usw. Fr.	Ct.	Banknoten und Kassenanweisungen französisch Fr.	Ct.	Wechsel Fr.	Ct.	Summe aller Zahlmittel Fr.	Ct.
	Übertrag	41 000 000	—	39 089 560	87	36 010 361	98	27 188 450	—	125 000 000	—	472 208 977	06	740 497 349	91
45	25. Aug.	10 000 000	—	585 992	03	—	—	—	—	—	—	50 724 821	78	61 810 818	81
46	26. „	9 000 000	—	461 373	21	—	—	—	—	—	—	—	—	9 461 873	21
47	28. „	5 000 000	—	540 000	—	—	—	—	—	—	—	—	—	5 540 000	—
48	29. „	—	—	139 210	84	—	—	—	—	—	—	—	—	139 210	84
49	30. „	—	—	—	—	—	—	60 942	85	—	—	47 622 535	71	47 688 478	56
50	31. „	—	—	262 498	75	—	—	1 406 274	09	—	—	—	—	1 668 772	84
51	1. Sept.	14 000 000	—	252 291	28	—	—	1 068 222	52	—	—	41 488 508	46	56 809 017	26
52	2. „	13 000 000	—	336 947	11	—	—	—	—	—	—	—	—	13 336 947	11
53	4. „	15 000 000	—	296 691	36	—	—	—	—	—	—	102 584 996	86	117 881 688	22
54	5. „	2 000 000	—	—	—	2 000 000	—	—	—	—	—	—	—	4 000 000	—
55	6. „	—	—	188 611	15	3 000 002	55	—	—	—	—	—	—	3 188 613	70
56	7. „	—	—	469 909	11	—	—	121 004	03	—	—	—	—	590 913	14
57	8. „	—	—	471 615	21	—	—	20 313	74	—	—	—	—	491 928	95
58	9. „	—	—	500 116	06	4 703	50	275 948	57	—	—	3 152 500	—	3 938 268	13
59	11. „	—	—	483 097	15	2 556	60	20 571	96	—	—	—	—	506 225	71
60	12. „	—	—	356 373	35	—	—	210 725	35	—	—	—	—	567 098	70
61	13. „	60	—	389 697	62	3 180	80	311 393	03	—	—	—	—	704 831	45
62	14. „	—	—	—	—	—	—	11 349	—	—	—	—	—	11 849	—
63		nicht eingelöste zurückgegebene Wechsel										— 10 741	81	— 10 741	81
	S. Ende 1871	109 000 060	—	44 823 985	10	41 020 805	43	30 695 195	14	125 000 000	—	717 771 593	06	1 068 311 638	73
										Dazu Wert der Geldsäcke				24 974	80
												In allem		1 068 336 613	53

Währungen, auf welche sie ausgestellt waren, den Einlieferungstagen, den Höchst- und Mindestbeträgen

in Pfund Strl., zahlbar an englischen Plätzen,
„ holl. Gulden, „ „ niederländischen Plätzen,
„ Franken, „ „ belgischen Plätzen,
„ Talern,
„ süddeutschen Gulden,
„ Hamburger Mark-Banco,
„ Reichswährung (nur 4. Periode), } zahlbar an deutschen Plätzen

zusammengestellt. (Siehe Tafel I.)*)

Von den französischen Banknoten wurden im Juni und Juli 85 Millionen der Seehandlung in Berlin, 9405240 Fr. an verschiedene Städte in Elsass-Lothringen als Abschlagszahlung auf die Beschiessungsschäden für Rechnung der Reichshauptkasse überwiesen und der Rest mit 30 594 760 Fr. am 29. August 1871 der Reichshauptkasse übersandt.

Von dem Silber wurden am 11. Juli 1871 4 320 000 Fr. in Fünffrankenstücken und 1 164 364 Fr. in deutschen Silbermünzen der hessischen Regierung, am 5. August 5 000 000 Fr. in Fünffrankenstücken der badischen Regierung und am 7. August 5 000 000 Fr. in Fünffrankenstücken der württembergischen Regierung überwiesen. Das weitere Silbergeld ist teils wegen Platzmangels vorübergehend an die Oberpostkasse Frankfurt gesandt, im weiteren aber bis auf 15 331 295 Fr. an die Reichshauptkasse überwiesen oder für deren Rechnung ausgegeben. Letzterer Betrag wurde der Reichshauptkasse im Abrechnungswege zugeführt.

Die Nachzählung des deutschen Silbergeldes, die Nachwiegung und Etikettierung des Goldes wurde von den Beamten der Landeshauptkasse geleitet.

Die Kosten für die Abnahme dieser Rate betrugen:

für die zugezogenen Geldzähler . .	16 978,11 Fr.
an Reisekosten für Begleitung der Geldsendungen nach Berlin, Frankfurt, Darmstadt, Karlsruhe und Stuttgart, durch Beamte und Sicherheitsbeamte	4 966,71 „
Zu übertragen	21 944,82 Fr.

*) Die Tafeln I, II, III, IV, V befinden sich am Schlusse der Arbeit.

Übertrag 21 944,82 Fr.

an Frachtkosten für diese Sendungen, Transport des Geldes von der Abnahmestelle in die Kassengewölbe, für Verpackungsmaterial und dergl. 26 179,99 „

zusammen: 48 124,81 Fr.

Der Ersatz für die in den ohne Nachzählung übernommenen Säcken mit französischem Plombenverschluss festgestellten Fehlbeträge, die nicht umlauffähigen und minderwertigen Münzen betrug 4561,03 Fr.

Infolge dieser Geldbewegungen trat um diese Zeit in Frankreich ein Mangel an kleinen Zahlmitteln ein, welcher durch die weiteren Zahlungen eine Verschärfung erfahren musste. Die französische Regierung wurde daher zu ausserordentlichen Massregeln genötigt. Wie durch folgenden Brief des Grafen, jetzigen Fürsten Henckel von Donnersmarck:

(Äussere Adresse:)

Sr. Durchlaucht
dem Kanzler des deutschen Reichs
Fürsten Bismarck
hierselbst.

Ew. Durchlaucht

habe ich die Ehre ganz gehorsamst mitzutheilen, dass ich heut Sonntag früh hier angelangt bin und bis morgen Montag Abend hier verbleibe u. falls Sie nach irgendwelcher Richtung über mich zu befehlen haben, zur Disposition stehe.

Zugleich erlaube ich mir einige Proben des neuen französischen Papiergeldes, dessen Vaterschaft Ew. Durchlaucht unzweifelhaft gebührt, für den Fall Sie bisher von demselben noch nicht Einsicht genommen haben sollten, beizufügen.

Es lagen bei je 5 Fr.-, 2 Fr.- u. 1 Fr.-Schein.

(vergl. die S. 23 und 24 befindlichen Nachbildungen!)

Zu meiner Ehre

Ew. Durchlaucht
treu ergebener
Henckel Donnersmarck.

Berlin, Hôtel Royal,
17. Dezbr. 71.

A
182
SOCIETE GENERALE
UN FRANC
182
A

A
BON DE MONNAIE
752
SOCIETE GENERALE
DEUX FRANCS
752
A

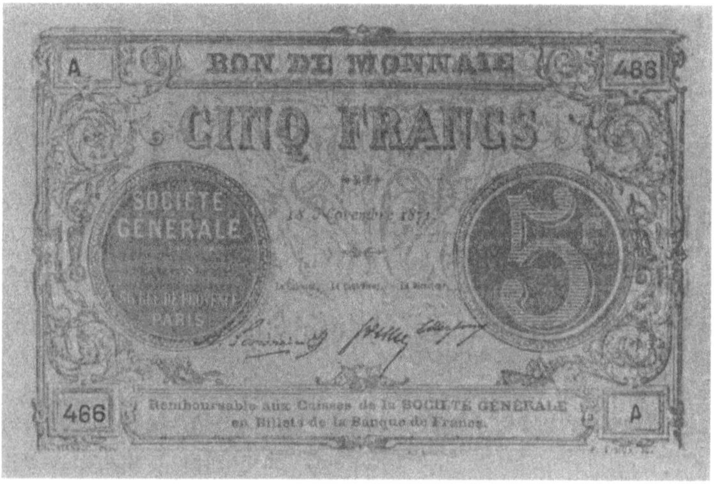
A
BON DE MONNAIE
CINQ FRANCS
SOCIÉTÉ GÉNÉRALE
PARIS
5
466
Remboursable aux Caisses de la SOCIÉTÉ GÉNÉRALE
en Billets de la Banque de France.
A

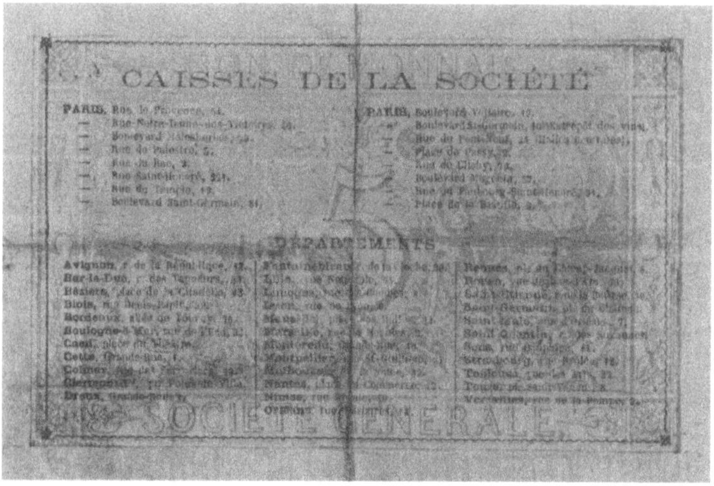
CAISSES DE LA SOCIÉTÉ
PARIS
PARIS
DÉPARTEMENTS
SOCIÉTÉ GÉNÉRALE

bewiesen wird, hat die französische Regierung auf den Rat des Fürsten Bismarck die Verlegenheit dadurch beseitigt, dass sie die Société générale für Handel und Industrie in Paris im November 1871 zur vorübergehenden Ausgabe von Kassenanweisungen zu 1, 2 und 5 Franken ermächtigte. Auch einzelne französische Städte hatten zur Zeit des Krieges zur Beseitigung des Mangels an Umlaufmitteln derartige Kassenscheine ausgegeben. Verfasser gelangte im Jahre 1872 in Besitz eines Kassenscheins von 2 Fr., welchen die Stadt Verdun während der Belagerung ausgegeben hatte. Der Schein ist damals vermutlich einem Sammler überlassen worden.

Eine Auszählung des Geldes, welches sich in Beuteln mit Verschluss des französischen Tresors oder der Bank von Frankreich oder der Mailänder Bank befand, wurde auch dann nicht vorgenommen, wenn das Geld hier zu Zahlungen benutzt wurde. Es wurde in diesem Falle jeder von der Landeshauptkasse in Zahlung gegebene Beutel unter Belassung des Original-Verschlusses noch mit einem Anhängeschilde versehen, welches den Soll-Inhalt, das Gewicht und den Tag der Ausgabe angab und die Bemerkung enthielt, dass Ersatz für etwaige Fehlbeträge nur geleistet werde, wenn solche unter Vorlegung des Beutels, der Plombe und des Anhängeschildes innerhalb 4 Wochen bei der Landeshauptkasse angemeldet würden. Diese Einrichtung war zweckmässig, weil nur äusserst selten Differenzen festgestellt wurden, und sie war unerlässlich, weil es nicht möglich war, die Auszählung und Verpackung der Silbermassen in einer den deutschen Vorschriften entsprechenden Weise durchzuführen, und weil der Geldverkehr des Landes und namentlich der öffentlichen Kassen, da alles eingehende französische Gold, Banknoten und deutsches Silbergeld zur Entlastung der riesig angewachsenen Abrechnungsschuld der Landeshauptkasse an die Reichshauptkasse abgesandt werden musste, ausschliesslich in französischen Silbermünzen sich bewegte. Es war eine Zeit lang nur französisches Silbergeld im Verkehr. Ein Beutel mit

10 000 Fr. davon wiegt mit der Verpackung etwas über einen Zentner. Bei Einzahlung oder Abhebung grösserer Summen musste daher in der Regel Fuhrwerk benutzt werden; ein Umstand, der das Publikum sehr belästigte, aber namentlich in Strassburg — bei der damaligen riesenhaften Tätigkeit in öffentlichen und Privat-Bauten — ein Füllhorn für die Droschkenkutscher war; standen doch nicht selten gleichzeitig bis zu 10 Droschken vor dem Kassenlokale.

Eine Besserung trat erst wieder durch die allmähliche Einführung der deutschen neuen Goldmünzen in den Verkehr (etwa Ende 1872) ein, um demnächst im Sommer 1874 nach Ausführung der französischen Silberbestände und Verdrängung der französischen Silbermünzen aus dem Verkehr der umgekehrten Kalamität Platz zu machen. (Vergl. die Ausführungen am Schluss.)

Zweite Periode.

(Januar bis März 1872.)

Eingezahlt wurden in Strassburg 626 401 135,06 Fr. Die Einzahlungstage und die Wertgattungen waren folgende: (Siehe Tabelle Seite 27 und Tafel II.)

Die Wechsel wurden sofort der Reichshauptkasse übersandt, die anderen Beträge wurden der Landeshauptkasse zur Abführung an die Reichshauptkasse im Abrechnungswege überwiesen.

Dritte Periode.

(29. August bis 10. Dezember 1872).

Eingezahlt wurden in Strassburg 449 853 695,65 Fr. und zwar:

(Siehe Tabelle Seite 28.)

Nr.	Datum	Gold (französisch)		Silbergeld				Für Geldsäcke sind angerechnet		Banknoten und Kassenanweisungen deutsch usw.		Wechsel		Summe aller Zahlmittel	
				deutsch		französisch									
	1872	Fr.	Ct.	Fr.	Ct.	Fr.	Ct.	Fr.	Ct.	Fr.	Ct.	Fr.	Ct.	Fr.	Ct.
1	13. Jan.	—	—	—	—	—	—	—	—	—	—	83 828 639	19	83 828 639	19
2	30. „	—	—	—	—	—	—	—	—	—	—	75 724 931	07	75 724 931	07
3	13. Fbr.	1 275	—	626 595	15	—	—	182	65	170 389	28	79 583 516	41	80 381 958	49
4	27. „	—	—	239	42	Zählplus	—	—	—	—	—	—	—	239	42
5	28. „	—	—	—	—	—	—	—	—	—	—	69 100 257	13	69 100 257	13
6	6. März	178 581	64	49 466	55	500 000	—	—	—	82 037	82	291 416 655	96	292 226 741	97
7	8. „	1 276	25	—	—	300 002	—	—	—	300 000	—	22 636 896	37	23 238 174	62
8	9. „	—	—	—	—	710 000	—	—	—	90 000	—	—	—	800 000	—
9	11. „	—	—	—	—	980 000	—	—	—	120 000	—	—	—	1 100 000	—
10	11. Apr.	—	—	193	17	Zählplus	—	—	—	—	—	—	—	193	17
S. 2. Periode		181 132	89	676 494	29	2 490 002	—	182	65	762 427	10	622 290 896	13	626 401 135	06

Nr.	Datum	Gold (französisch)		Silbergeld deutsch		Silbergeld französisch		Für Geldsäcke sind angerechnet		Banknoten und Kassenanweisungen deutsch usw.		Wechsel		Summe aller Zahlmittel	
	1872	Fr.	Ct.	Fr	Ct.	Fr.	Ct.	Fr.	Ct.	Fr.	Ct.	Fr.	Ct.	Fr.	Ct.
1	29. Aug.	—	—	22 500 000	—	—	—	4 148	—	—	—	—	—	22 504 148	—
2	31. „	45 437	50	2 245 538	23	—	—	598	95	7 095 426	95	—	—	9 387 001	63
3	5. Sept.	—	—	—	—	—	—	—	—	2 543 231	25	216 896 503	28	218 939 734	53
4	7. „	—	—	—	—	—	—	—	—	—	—	7 523 314	92	7 523 314	92
5	2. Okt.	—	—	—	—	—	—	—	—	—	—	43 964 635	71	43 964 635	71
6	24. „	—	—	—	—	10 000 000	—	2 650	—	—	—	52 435 387	96	62 438 037	96
7	8 Nov.	—	—	—	—	—	—	—	—	843 139	—	29 529 575	83	30 372 714	83
8	6. Dez.	—	—	—	—	5 030 370	80	1 325	—	—	—	—	—	5 031 695	80
9	7. „	—	—	—	—	5 000 000	—	1 325	—	—	—	—	—	5 001 325	—
10	9. „	4 547	50	1 287 234	46	6 000 000	—	1 880	30	3 546 173	26*)	27 849 661	75	38 689 497	27
11	10. „	—	—	—	—	6 000 000	—	1 590	—	—	—	—	—	6 001 590	—
S. 3. Periode		49 985	—	26 032 772	69	32 030 370	80	13 517	25	14 027 970	46	377 699 079	45	449 853 695	65

*) Davon 3 198 861,39 Fr. von Strassburger Bankhäusern bei der Landeshauptkasse eingezahlt.

An Wechseln wurden 5107 Stück übergeben. Dieselben waren zahlbar:

Nr.	Datum	an deutschen Plätzen (Taler) Tlr. = à 3,75 Fr. Stück	Fr.	Ct.	der niedrigste Wechsel lautet über Tlr.	der höchste Wechsel lautet über Tlr.	an deutschen Plätzen (Gulden) fl. = 2 Fr. $14^2/_7$ Ct. Stück	Fr.	Ct.	der niedrigste Wechsel lautet über fl.	der höchste Wechsel lautet über fl.	in Hamburg (Banco) MBo. = 1 Fr. $87^1/_2$ Ct. Stück	Fr.	Ct.	der niedrigste Wechsel lautet über Mk.	der höchste Wechsel lautet über Mk.
3	5. Sept.	508	33 800 542	12	77	1 314 185	197	84 851 315	—	208	21 057 940	433	97 744 646	16	205	24 701 357
4	7. „	—	—	—	—	—	—	—	—	—	—	1	7 523 314	92	—	4 012 434
5	2. Okt.	804	27 249 502	59	59	510 000	32	924 093	78	257	90 000	462	15 791 039	34	342	1 000 000
6	24. „	1 198	19 278 176	44	52	55 000	44	5 574 813	67	702	1 200 000	584	27 582 397	85	82	8 000 000
7	8. Nov.	753	23 343 037	51	53	1 000 000	84	6 186 538	32	110	2 368 272	—	—	—	—	—
10	9. Dzbr.	—	—	—	—	—	7	27 849 661	75	16 348	7 800 000	—	—	—	—	—
S. 3. Periode		3 263	103 671 258	66	52	1 314 185	364	125 386 422	52	**110**	21 057 940	1 480	148 641 398	27	82	**24 701 357**

Zusammen 5107 Wechsel zu 377 699 079,45 Fr.

Die eingezahlten Wechsel und Banknoten wurden sofort der Reichshauptkasse übersandt. Ende 1872 war von den Einzahlungen der dritten Periode in Strassburg noch ein Bestand von 30 135 338,23 Fr. in Silbergeld vorhanden.

Dieses Geld befand sich in den Gewölben im Hauptsteueramtsgebäude. Diese gut zementierten Gewölbe, welche 1866 zur Aufnahme der aus Nassau geflüchteten Kabinettsweine des Herzogs von Nassau gedient hatten, wurden infolge Hochwassers durch von unten eindringendes Wasser bis in Höhe von 1—1½ Meter überschwemmt. Die Verpackung des Geldes wurde durch das Wasser und die nach dessen Auspumpung und Einsickerung eintretende Verstockung fast vollständig zerstört. Nur die oberen Schichten konnten in ihrem alten Bestande und mit den angestockten Säcken in andere Überzugsäcke gesteckt werden, zum Teil aber wurden auch die durch das umgebende gazeartig gewordene Gewebenetz noch erkennbaren Bestände eines Sacks sorgfältig zusammengescharrt und in einen neuen Sack getan und so weiter aufgestapelt. Der mit den Sackresten einen unentwirrbaren Haufen bildende Rest wurde später zum Teil durch Auszählung neu festgestellt und kassenmässig verpackt. Über die Verausgabung der umgefüllten Säcke und des sonst verbleibenden losen Restes wird im folgenden Abschnitt das Weitere ausgeführt werden.

Vierte Periode.

(16. Januar bis 13. September 1873.)

Vom 16. Januar bis 13. September 1873 wurden im ganzen 700 329 031,13 Fr. übernommen. Davon sind indes 37 437 225,30 Fr. von Strassburger Bankhäusern für Rechnung der französischen Regierung bei der Landeshauptkasse gegen deren Quittung eingezahlt und 116 335 652,04 Fr. in französischem Silber von den Oberpostkassen in Cöln und Metz und von der Pr. Bankkommandite in Mülhausen abgenommen, von diesen aber wegen Mangels an Raum in die vom Oberpräsidium verwahrten Gewölbe eingeliefert. Die eingezahlten Restbeträge und die Einzahlungstage ergibt folgende Nachweisung.

Eingezahlt wurden:

(Siehe Tabelle Seite 32, 33 und Tafel III.)

Die Wechsel, Banknoten und das deutsche Silbergeld wurden ebenso wie früher sofort an die Reichshauptkasse übersandt.

Von dem Silbergelde wurden am 4. März 1873 3 750 000 Fr. in Talern der bayrischen Regierung für Rechnung der Reichshauptkasse übersandt.

Von den 97 Millionen Gold wurden

am	5. April	1873	5 000 000 Fr.	an die Münzen in Karlsruhe u. Frankfurt,
„	13. Mai	„	10 000 000 „	an die Münze in Frankfurt,
„	5. Juni	„	40 000 000 „	an dieselbe,
„	5. Juli	„	22 000 000 „	und
„	5. Aug.	„	20 000 000 „	an die Münze in Berlin

gesandt. Der Rest wurde auf das Abrechnungskonto mit der Reichshauptkasse übernommen. Seit April 1873 wurden aus den Beständen an französischem Silber für Rechnung der Reichshauptkasse auch Ankäufe von goldenen 20 und 10 Fr.-Stücken bewirkt, und zwar wurden gegen ein Aufgeld erworben:

von 4‰: am 10., 18. und 22. April, 9., 14. und 27. Mai 1873 je 1 050 000 Fr., zusammen 6 300 000 Fr. Gold;

von 4½‰: am 29. April und 3. Mai 1873 je 1 050 000 Fr., zusammen 2 100 000 Fr. Gold;

von 2‰: am 18. Juni 1873 500 000 Fr. und am 26. Juni 1873 1 740 000 Fr., zusammen 2 240 000 Fr. Gold;

von 5‰: vom 22. Oktober bis 12. November 1873 in 6 Raten 2 670 000 Fr. Gold.

Nr.	Datum	Gold (französisch)		Silbergeld deutsch		Silbergeld französisch		Für Geldsäcke ist angerechnet	
	1873	Fr.	Ct.	Fr.	Ct.	Fr.	Ct.	Fr.	Ct.
1	16. Jan.	—	—	—	—	5 000 000	—	—	—
2	6. Febr.	—	—	—	—	5 000 000	—	1 325	—
3	7. „	—	—	—	—	10 000 000	—	1 325	—
4	8. „	—	—	—	—	10 000 000	—	2 324	50
5	5. März	—	—	—	—	—	—	—	—
6	6./7. „	—	—	—	—	5 000 000	—	—	—
7	31. „	—	—	—	—	1 000 000	—	—	—
8	5. April	5 000 000	—	—	—	8 130 408	75	1 391	25
9	11. „	—	—	—	—	10 000 000	—	—	—
10	6. Mai	10 000 000	—	352 500	—	13 468 125	—	1 845	05
11	7. „	—	—	—	—	4 000 000	—	1 060	—
12	13. „	—	—	—	—	10 000 000	—	—	—
13	20. „	—	—	—	—	3 350 000	—	—	—
14	27. „	—	—	—	—	1 302 000	—	—	—
15	29. „	—	—	—	—	1 642 500	—	—	—
16	4./5. Juni	40 051 000	—	1 430 030	79	13 319 500	—	1 033	50
17	6. „	—	—	—	—	2 970 000	—	—	—
18	24./26. „	—	—	—	—	1 738 750	—	—	—
19	4. Juli	22 000 000	—	—	—	10 250 000	—	3 107	75
20	5. „	—	—	—	—	4 301 250	—	—	—
21	7./12. „	—	—	—	—	14 810 000	—	—	—
22	4./5. Aug.	20 412 500	—	—	—	21 507 500	—	3 085	—
23	3. Sept.	—	—	—	—	1 000 000	—	—	—
24	5 „	—	—	647 782	50	45 948 059	80	2 617	10
25	6. „	—	—	—	—	172 742	54	—	—
26	9./13. „	—	—	—	—	5 754 500	—	—	—
S. 4. Periode		97 463 500	—	2 430 313	29	209 665 336	09	19 114	15

Banknoten u. Kassenanweisungen (deutsch usw.)		Wechsel		Summe aller Zahlmittel		Von der Summe sind eingezahlt			
						bei der Landeshauptkasse ohne Quittung des Oberpräsidenten		bei den Oberpostkassen Cöln u. Metz u. der Bankkommandite in Mülhausen u. an das Oberpräsidium gesandt	
Fr.	Ct.	Fr.	Ct.	Fr.	Ct.	Fr.	Ct.	Fr.	Ct.
2 906 250	—	—	—	7 906 250	—	2 906 250	—	5 000 000	—
—	—	44 942 891	27	49 944 216	27	—	—	—	—
213 750	—	—	—	10 215 075	—	213 750	—	5 000 000	—
8 390	20	—	—	10 010 714	70	—	—	—	—
1 687 500	—	—	—	1 687 500	—	1 687 500	—	—	—
3 007 500	—	35 629 213	04	43 636 713	04	2 257 500	—	5 000 000	—
—	—	—	—	1 000 000	—	1 000 000	—	—	—
—	—	12 811 050	44	25 942 850	44	3 125 000	—	—	—
—	—	—	—	10 000 000	—	—	—	10 000 000	—
—	—	—	—	23 822 470	05	7 468 125	—	—	—
1 590 422	70	—	—	5 591 482	70	—	—	—	—
—	—	-	—	10 000 000	—	—	—	10 000 000	—
—	—	—	—	3 350 000	—	—	—	3 350 000	—
—	—	—	—	1 302 000	—	1 302 000	—	—	—
—	—	—	—	1 642 500	—	1 642 500	—	—	—
222 288	75	69 714 889	23	124 738 742	27	7 223 000	—	6 147 500	—
—	—	—	—	2 970 000	—	—	—	2 970 000	—
—	—	—	—	1 738 750	—	1 738 750	—	—	—
521 199	60	87 413 477	57	70 187 784	92	500 000	—	—	—
10 000	—	—	—	4 311 250	—	1 326 250	—	2 985 000	—
—	—	—	—	14 810 000	—	—	—	14 810 000	—
75 157	—	86 262 388	07	128 260 630	07	1 580 000	—	10 400 000	—
—	—	—	—	1 000 000	—	1 000 000	—	—	—
742 971	70	92 991 428	03	140 332 859	13	2 466 600	30	34 745 909	50
—	—	—	—	172 742	54	—	—	172 742	54
—	—	—	—	5 754 500	—	—	—	5 754 500	—
10 985 429	95	379 765 337	65	700 329 031	13	37 437 225	30	116 335 652	04

Ferner wurden gegen Zahlung des Kaufpreises in deutschen Banknoten am 25. Oktober und 4. November 1873 400000 Fr. Gold gegen ein Aufgeld von 4‰ erworben.

Im Ganzen waren somit 13710000 Fr. Gold angekauft. Der Ankauf zu 2‰ geschah unmittelbar von Berlin von einem Bankhause, welches an den genannten Tagen, wie erst später festgestellt wurde, Wechselbeträge in Franken bei der Landeshauptkasse einzuzahlen hatte und dazu das Gold wegen billigeren Transports bereits bezogen hatte.

Der für Rechnung der Reichshauptkasse in Strassburg lagernde Silberbestand betrug am 24. September 1873 noch 236 Millionen Franken. Für Rechnung der Reichshauptkasse waren hiervon jedoch 10 Millionen Franken in französischem Silber der Aktiengesellschaft für Boden- und Kommunalkredit in Strassburg als zu 3% verzinsliches Depot mit der Bedingung überlassen, die demnächstige Rückzahlung in deutschem Gelde in verschiedenen Raten nach je 10tägiger Kündigung bei der Reichshauptkasse zu bewirken.

Hiermit waren nach Mitteilung des Reichskanzlers vom 12. September 1873 die Einzahlungen auf die französische Kriegsentschädigung beendigt.

Die Einzahlungen in Strassburg betrugen im Ganzen 2844920475,17 Fr. und zwar:

(Siehe Tafel IV und V.)

Die Wechsel waren im allgemeinen innerhalb eines Monats nach der Übergabe fällig; in den letzten Zahlungen wurden aber auch Wechsel übergeben, deren Laufzeit noch bis $2^1/_3$ Monate betrug.

Die niedrigsten und die höchsten Wechselbeträge betreffen:

Wechsel über	der niedrigste	der höchste	Tag der Ausstellung	Tag der Fälligkeit	eingeliefert am	Zahlungspflichtiger
Lstrl.	4 Lstrl. 15 sh.		11./6. 71	Sicht	21./7. 71	W. Brandes sons, London.
		1 265 000 Lstrl.	4./7. 71	„	10./7. 71	N. M. Rothschild, London gezogen v. Rothschild frères in Paris.
holl. Gulden . .	284,65 fl.		23./11. 71	23./2. 72	30./1. 72	M. Oostmeyer, Amsterdam.
		2 500 000 fl.	20./7. 71	5 Tage Sicht	2./8. 71	D. L. Goldschmidt, Amsterdam gezogen v. Rothschild frères in Paris.
belg. Fr.	55 Fr.		28./6. 71	15. 9. 71	1./9. 71	C. Vyt, Brüssel.
		8 000 000 Fr.	4./7. 71	Sicht	10./7. 71	S. Lambert, Brüssel gezogen v. Rothschild frères in Paris.
Taler	13 Tlr. 11 sgr. 7 Pfg.		29./3. 73	29./6. 73	4./6 73	Frege & Co., Berlin.
		4 000 000 Tlr.	1./3. 72	12./3. 72	6./3. 72	S. Bleichröder, Berlin gezogen v. Rothschild frères in Paris.
südd. Gulden . .	32 fl. 24 Kr.		28./5. 73	31./8. 73	5./8. 73	Lenz, Mannheim.
		21 057 940 fl. 53 Kr	31./8. 72	12./9. 72	5./9. 72	Jacob S. H. Stern, Frankfurt a. M. gezogen v. Finanzminister in Paris.
Mark Banco . .	82 Mk. 3 sh. 5 Pfg.		25./9. 72	10./11. 72	24./10. 72	Ed. Frege & Co., Hamburg.
		24 701 357 Mk. 10 sh. 8 Pfg.	30./8. 72	12./9. 72	5./9. 72	L. Behrens & Söhne, Hamburg gezogen v. Comptoir d'Escompte, Paris.
Reichswährung Mark	108 Mk.		15./5. 73	16./8. 73	5./8. 73	H. Benn, Hamburg.
		3 120 000 Mk.	26./8. 73	15./9. 73	5./9. 73	Norddeutsche Bank, Hamburg.

Die sämtlichen seit 13. Februar 1872 übergebenen englischen Wechsel waren vom französischen Finanzminister auf den Agenten des franz. Tresors in London, de Maintenan, in Beträgen von je 100 000 Lstrl. gezogen

Der grösste Wechsel war der auf L. Behrens Söhne in Hamburg lautende Wechsel über 24 701 357 M. Banco: er bestand aus einem fast fingerdicken Heft. Da der Wechselstempel dafür 6175 Tlr. 9 Sgr. betrug, die Stempelmarken aber nur höchstens in Beträgen von 300 Sgr. = 10 Tlr. vorhanden waren, so mussten zu dem Wechsel mindestens 619 Stempelmarken verwendet werden. Um dies zu ermöglichen, musste dem Wechsel eine ganze Reihe sogenannter Allongen angeklebt werden.

Von der dritten Periode ab wurden Wechsel auf ausserdeutsche Plätze — abgesehen von 5 Wechseln des französischen Finanzministers auf seinen Agenten in London — in Strassburg nicht mehr eingezahlt. Es kamen hier nur noch in Deutschland zahlbare Wechsel zur Einzahlung. Deren Ankauf wurde anscheinend mit allen Mitteln betrieben, wie sich daraus ergibt, dass der Durchschnittsbetrag der in Zahlung gegebenen Wechsel stets geringer wurde. Denn während dieser Durchschnittsbetrag in der ersten Periode 165 312 Fr. war, sank derselbe

in der	zweiten	Periode	auf	136 637 Fr.
„ „	dritten	„	„	73 957 „
„ „	vierten	„	„	36 053 „

Und wenn die deutschen Wechsel allein betrachtet werden, so betrug die durchschnittliche Höhe in der ersten Periode 93 778 Fr., in der zweiten Periode wegen der darin enthaltenen grossen Finanzwechsel allerdings 140 749 Franken, sank aber — trotz des darunter fallenden grössten Wechsels — in der dritten Periode auf 73 957 Fr. und in der vierten Periode auf 35 437 Fr.

An Kosten der Abnahme in der zweiten bis vierten Periode und an Transportkosten für die Geldsendungen nach München, Berlin, Frankfurt und Karlsruhe sind 15 104,93 Fr. entstanden; an Fehlbeträgen sind 2113,64 Fr. festgestellt; für die Herrichtung der verschiedenen Kassengewölbe und die Sicherungseinrichtungen sind 12 925,90 Fr. verausgabt worden.

Die vom Oberpräsidenten von Moeller ausgestellten Quittungen wurden nach folgendem Muster gegeben.

Quittung.

Der unterzeichnete Kaiserliche Ober-Präsident von Elsass-Lothringen, Königlich Preussischer Wirklicher Geheimer Rat von Moeller zu Strassburg, auf Grund der ihm von Sr. Durchlaucht, dem Kanzler des Deutschen Reiches, Fürsten Otto von Bismarck-Schoenhausen unterm 8. September 1871 ausgestellten Vollmacht, von welcher conforme Abschrift dem Delegierten des französischen Gouvernements zugestellt ist, bekennt hiermit, an dem heutigen Tage à conto der dem deutschen Reiche von Frankreich nach Artikel 2 des Präliminar-Friedensvertrages vom 26. Februar 1871 und dem Artikel 7 des Friedensvertrages vom 10. Mai 1871, beziehungsweise der Konvention von Berlin, 12. Oktober 1871 Artikel 2 und der Konvention vom 15. März 1873 zu zahlenden Kriegsentschädigung von Herrn Chaumont, Payeur, handelnd für die französische Regierung auf Grund der ihm vom Directeur du Mouvement Général des Fonds unterm 28. August 1872 erteilten Anweisung

1. die Summe von 478 521 Fr. 70 cent., in Worten pp., in deutschem Gold und in deutschen Banknoten,
2. die Summe von 648 014 Fr. 60 cent., geschrieben pp., in deutschem Silber, einschliesslich der Entschädigung für die bei der Übernahme erworbenen Säcke mit 232 Fr. 10 cent., geschrieben pp., vorbehaltlich der Justifikation sowie der nachträgl. Ausgleichung der bei derselben sich ergebenden Differenzen,
3. die Summe von 9 002 385 Fr., geschrieben pp., in französischem Silber, einschliesslich der Entschädigung für die bei der Übernahme erworbenen Säcke mit 2 385 Fr., in Worten pp., vorbehaltlich der Justifikation sowie der nachträgl. Ausgleichung der bei derselben sich ergebenden Differenzen,

4. eine Anzahl Handels-Effekten, lautend über den Nominalbetrag von

a) 18 268 071 Tlr. 1 Sgr. 3 Pf., geschrieben pp.

b) 1 943 288 fl. 46 Kr., geschrieben pp., süddeutsch,

c) 6 137 577 Rm. 14 Pf., geschrieben pp., Reichswährung,

d) 500 000 Pfund Sterling, geschrieben pp.,

empfangen zu haben.

Strassburg, den 5. September 1873.

v. Moeller.

Bei Beendigung des Geschäfts betrug das Guthaben der Reichshauptkasse aus den hier lagernden Silberbeständen noch 226 Millionen Franken. Es kam nunmehr die Verwertung der Silberbestände in Frage. Wie oben bereits erwähnt, war der Aktiengesellschaft für Boden- und Kommunalkredit ein zu 3 % verzinsliches Kontokorrent-Depot im ursprünglichen Betrage von 10 Millionen Franken französisch Silber mit der Bedingung übergeben, die Rückzahlung in deutschem Gelde in Berlin zu bewirken. Die Gesellschaft hatte sich bereit erklärt, die sämtlichen Silbersummen in schadhafter Verpackung zum buchmässigen Sollbestande zu übernehmen; sie erhielt vom 22. April bis 7. Mai 1873 die 10 Millionen überwiesen. Der Gesellschaft wurden ferner von den Beständen, deren Verpackung ganz zerstört war, haufenweise unter Verzicht auf jede Reklamation wegen etwaiger Fehlbeträge unter der Bedingung überlassen, dass dieselben erst nach Ablauf von 4 Monaten mit 3 % zu verzinsen oder auf Verlangen in Berlin in deutschem Gelde zurückzuzahlen seien:

am	30. Januar	1874	=	3 000 000	Fr.
„	12. Febr.	„	=	1 000 000	„
„	5. März	„	=	1 503 500	„
„	7. „	„	=	496 500	„

Weiter wurden der Gesellschaft 15 000 000 Fr. in französischem Silber gegen Sicherheitsbestellung in Wertpapieren gegen 3 % Zinsen und ein Aufgeld von $^1/_8$ Tlr.

für je 300 Fr. überlassen und vom 9.—28. Mai 1874 überwiesen. Die Kosten der Nachzählung und der Neuverpackung des französischen Silbers wurden von der Gesellschaft übernommen. Die Rückzahlung des Gegenwerts erfolgte in verschiedenen Terminen und war Ende März 1876 beendigt.

Die Bank hat nach der damaligen Aussage ihrer Beamten nennenswerte Fehlbeträge nicht gehabt, sondern ein sehr gutes Geschäft gemacht. In welchem Masse die Zerstörung der Verpackung erfolgt und eine Unsicherheit eingetreten war, ergibt sich daraus, dass nach Ausräumung der Silberbestände und sorgfältiger Absuchung der Verpackungsreste von dem Arbeiter, welcher vom Verfasser mit der Reinigung des Lokals beauftragt wurde, seiner Aussage nach noch 15 Fünffrankenstücke aufgefunden sind. Diese waren, wie der Augenschein bewies, mit überzogenen verfilzten Gewebefasern so an die Wand gepresst gewesen, dass sie nur durch ein Abkratzen der Wände entdeckt wurden. Der Rest des Silber-Frankengeldes wurde in den Monaten Februar und März 1874 an verschiedene Bankhäuser (Rothschild-Paris, Allard in Brüssel] usw.) in Posten von 5 und 10 Millionen auf Anordnung des Reichskanzlers überlassen. Die Bedingungen, unter welchen dies geschehen, sind in Strassburg nicht bekannt geworden. Ende März 1874 war mit den Silberbeständen der Frankenwährung in den Gewölben und in der Landeshauptkasse aufgeräumt. Mit der beendeten Zurückführung derselben nach Frankreich änderte sich plötzlich auch der Kurs zu Gunsten der Franken und die Folge war, dass auch das im Verkehr befindliche Silberfrankengeld in kurzer Zeit nach Frankreich abfloss. Damit trat für längere Zeit in Elsass-Lothringen der Übelstand ein, dass im Verkehr hauptsächlich nur Banknoten und 20 Markstücke waren, Silbermünzen aber fast gänzlich fehlten. Es kam nicht selten der Fall vor, dass in Geschäftshäusern auf eingezahlte Banknoten und Goldstücke nicht herausgegeben werden konnte und dass deren Inhaber und Personal Vorübergehende um Wechselung von Gold oder Banknoten angingen. Während seit Anfang 1873 Gold, deutsches Silbergeld und Banknoten im Verkehr fehlten und der öffentliche und private Verkehr mit dem voluminösen und schweren Zahlmittel an Fünffrankenstücken belästigt wurde und dies zu vielen gerechten Klagen Anlass gab, wurde jetzt durch den unerwartet schnellen Abfluss des französischen Silbers ein plötzlicher Umschlag in das Gegenteil herbeigeführt. Im ganzen Lande herrschte ein empfindlicher Mangel an Gold- und Silbergeld, während preussische Banknoten im Überfluss im Verkehr waren Bei einer am 10. Mai 1874 erfolgten Aufnahme der Kassenbestände der sämtlichen öffentlichen Kassen in Elsass-Lothringen und verschiedener grösserer Privatbankanstalten ergab sich, dass in denselben neben 8 400 000 Fr. in Banknoten 900 000 Fr. in Silber, 30 000 Fr. in Gold und 16 000 Fr. in Scheidemünze vorhanden waren, dass aber der Kassenbestand der Landeshauptkasse neben 4½ Millionen in Banknoten nur 928 Fr. in Silber, 328 Fr. Scheidemünze und 23 000 Fr. Gold betrug. Gold und Silber bestanden nur aus Reichsmünzen und Talern.

Dieser Zustand wurde erst gegen Mitte des Jahres 1874 durch Zuleitung neuer Reichs-Goldmünzen und gegen Ende des Jahres durch allmähliche Einführung der neuen Reichssilbermünzen in den Verkehr gebessert. Die am 1. Januar 1875 für Elsass-Lothringen erfolgte Einführung der Rechnung nach Reichswährung brachte insofern eine Besserung, als dadurch die Umrechnung deutschen Geldes in Frankenwährung beseitigt und die Verwendung deutscher Scheidemünze erleichtert wurde. Auf Grund des Reichsmünzgesetzes wurden dann die Silber- und Bronzemünzen der Frankenwährung durch Verordnung des Reichskanzlers ihrer Eigenschaft als gesetzliches Zahlmittel in Elsass-Lothringen entkleidet, d. h. ausser Kurs gesetzt. Eine Einlösung derselben fand nicht statt.

Zum Schluss noch einige Bemerkungen über die Verpackung und den Transport des Geldes. Die Säcke mit französischem Gold enthielten 200 000 Fr. und wogen mit der Verpackung rund 130 Pfund,. die Säcke mit französischem Silber enthielten 10 000 Fr. und wogen rund 100 Pfund; beide Sorten Säcke waren etwa 20 Centimeter breit, liegend 15 Centimeter hoch und 60 Centimeter lang. Ein Stapel von einer Million Silber war (je 10 Säcke über- und nebeneinander) etwa 2 Meter lang, $1\frac{1}{2}$ Meter hoch und $\frac{3}{5}$ Meter tief, erforderte mithin einen Raum von etwa $1\frac{3}{4}$ Kubikmeter. Da aber Raum für die Bewegung gelassen werden muss, auch die Aufstapelung von Schichten übereinander seine Schwierigkeiten hat, ist die Belegungsfähigkeit eines Raumes nicht sehr gross. In Räumen von etwa 6 m Länge, 5 m Breite und 4 m Höhe konnten dem Raume nach wohl 60 Millionen in Silber untergebracht werden, in Wirklichkeit war es aber nur bei teilweiser Aufstapelung übereinander möglich, etwa 30 Millionen darin unterzubringen. Bei Talern war die Schwierigkeit noch grösser. Diese waren meistens verpackt in Säcken zu 1500, 2000, 2500 und 3000 Tlr. Diese waren zum Teil schwer zu unterscheiden, je nachdem sie neuere oder ältere vor 1858 geprägte (1858 Einführung des 30 Tlr.-Fusses anstelle des bisherigen 14 Mark-Fusses) Taler enthielten. Die älteren Taler sind wesentlich grösser und schwerer, und es war daher nicht leicht, nach Ansehen und Gefühl sofort eine Verwechselung zwischen Säcken verschiedenen Inhalts zu erkennen.

Wie oben gesagt, wiegen die Säcke mit 200 000 Fr. Gold rund 130 Pfund, 5 Stück — eine Million Fr. — mithin $6\frac{1}{2}$ Zentner. Ein Arbeiter, äusserlich kein Herkules, hat diese $6\frac{1}{2}$ Zentner etwa 5 Minuten getragen, ohne erschöpft zu sein; er hatte dabei je einen Sack unter den Armen, auf den Schultern und im Nacken. Dieses war aber wohl nur bei der zweckmässigen französischen Verpackung möglich.

Der Transport des Geldes auf der Eisenbahn erfolgte so, dass jeder Wagen von 200 Zentner Tragfähigkeit mit einer Million Silber = 100 Zentner beladen wurde. Eine Mehrbelastung war ausgeschlossen, weil die Beförderung nicht in Güterzügen erfolgte. Ein Goldtransport von 22 Millionen nach Berlin im August 1871 dauerte 3 Tage. Abfahrt von Strassburg nachmittags, Übernachtung auf Bahnhof Weissenburg, weil durch die Pfalz keine Nachtzüge gingen. Ankunft in Frankfurt gegen Mittag. Die Goldwagen wurden hier von der Eisenbahnverwaltung ohne weiteres auf den Rangierbahnhof gebracht und hin und her gefahren. Eine Verbindung des Transportführers mit den oberen Bahnbeamten konnte erst spät Nachmittags hergestellt werden, und es wurde dann mit Hilfe eines militärischen Requisitionsscheines gegen den Protest des Bahnhofinspektors, aber mit Zustimmung eines Eisenbahndirektors die Einstellung der Wagen in den gegen Abend abgehenden Schnellzug erreicht. Der Eisenbahndirektor machte in der Erkenntnis des Verschuldens der Bahnverwaltung für den Aufenthalt auf dem Rangierbahnhof selbst den Vorschlag, die Einstellung in den Schnellzug durch einen militärischen Requisitionsschein zu erzwingen. Es bestand auf dem Bahnhofe in Frankfurt ein Etappenkommando und dieses stellte den Requisitionsschein dahin aus,

> dass die Beförderung der drei Goldwagen mit Kriegsentschädigungsgeldern mit dem nächsten Schnellzuge nach Berlin zu erfolgen habe.

Die Belastung der Wagen war mit je 80 Säcken zu 130 Pfd., also zu 104 Zentner erfolgt. In Hanau wurden die Wagen bereits aus dem Zug gesetzt, weil die Achsen heissgelaufen waren. Umladung während der Nacht und Einstellung in einen Personenzug, welcher in der dritten Nacht in Halle eintraf, war die Folge. Hier erfolgte wieder Aussetzung wegen abermaligen Heisslaufens von Achsen und Umladung, dann Weiterfahrt im Personenzug und Ankunft in Berlin gegen Abend. Eine abermalige Aussetzung wurde nur dadurch verhindert, dass, nachdem sich Anzeichen von Warmlaufen ergeben hatten, von Station zu Station eine Schmierkanne telegraphisch bereit gestellt wurde.

Der Bahnhofsinspektor in Frankfurt hatte also mit seiner Zurückweisung sehr recht; sein Rat wäre vermutlich befolgt worden, wenn nicht durch das zwecklose Hinhalten auf dem Rangierbahnhofe eine Erbitterung der Begleitungsbeamten hervorgerufen worden wäre. Jedenfalls ist einer Einstellung derartig belasteter Wagen in einen Schnellzug zu widerraten, da nach den Erfahrungen bald Aussetzung erfolgen muss.

Die französischen Beamten brachten die Sendungen stets in Extrazügen an; die Wagen waren ebenfalls zu 100 Zentner beladen und mit Douane-Schlössern verschlossen, ohne dass die Begleitungsbeamten die Schlüssel dazu hatten. Sie erklärten, die Schlüssel vergessen zu haben. Seitdem die Abnahme im Eisenbahnwagen erfolgte, geschah dies jedesmal und unsererseits wurde deshalb angenommen, dass es sich nicht um Vergesslichkeit, sondern um eine Sicherheitsmassregel handele. Wir hielten deshalb stets bei der telegraphisch angekündigten Ankunft des Zuges einen Schlosser zum Öffnen der Schlösser bereit. Unsererseits wurden die Wagen ebenfalls mit Schlössern der Zollverwaltung verschlossen, die Schlüssel erhielt aber der Transportführer. Dass dies nötig war, ergibt sich aus der Umladungsmöglichkeit. Begleitet wurden die Züge von 2 Beamten und 2 Schutzleuten.

Die Wechsel der

Zu Nr.	Datum 1871	an englischen Plätzen Stück	Fr.	Ct.	der niedrigste Wechsel lautet über Lstrl.	der höchste Wechsel lautet über Lstrl.	an holländischen Plätzen Stück	Fr.	Ct.	der niedrigste Wechsel lautet über fl.	der höchste Wechsel lautet über fl.	an belgischen Stück	Fr.	Ct.
4	8. Juli	346	33 834 637	58	10	94 861	—	—	—	—	—	4	2 594 659	11
5	10. „	209	46 492 902	60	33	1 265 000	—	—	—	—	—	12	15 871 125	50
9	14. „	206	11 992 875	53	50	200 000	20	6 016 500	—	3 000	500 000	4	2 797 794	50
11	17. „	—	—	—	—	—	—	—	—	—	—	—	—	—
12	18. „	—	—	—	—	—	5	6 720 000	—	200 000	1 000 000	—	—	—
15	21. „	5	2 579 870	79	4	100 000	3	5 250 000	—	500 000	1 000 000	—	—	—
25	2. Aug.	89	77 292 454	13	200	1 200 450	34	31 365 278	70	1 847	2 500 000	6	9 890 260	10
40	20. „	274	81 346 059	27	41	200 000	58	27 440 716	21	464	2 000 000	45	4 984 945	96
44	24. „	91	9 111 562	72	10	100 000	55	12 226 165	30	355	1 000 000	4	2 300 797	—
45	25. „	80	34 219 199	74	15	100 000	138	8 884 064	13	375	700 000	5	2 000 000	—
49	30. „	6	7 566 000	—	20 000	100 000	3	8 925 000	—	1 000 000	2 000 000	87	15 000 000	—
51	1. Sept.	58	7 666 709	34	100	40 000	81	3 341 076	90	547	150 000	149	13 925 479	56
53	4. „	565	70 211 941	65	10	200 000	192	7 411 615	76	630	1 000 000	49	3 016 999	04
58	9. „	1	3 152 500	—	—	125 000	—	—	—	—	—	—	—	—
S. 1. Periode		1 930	385 466 713	35	4	**1 265 000**	584	117 580 417	—	355	2 500 000	315	72 382 060	77

Zusammen 4872 Wechsel über 717 784 802,37 Fr., davon sin

e waren zahlbar: Tafel I.

an deutschen Plätzen (Taler)					an deutschen Plätzen (Gulden)					in Hamburg (Banco)				
Tlr. = à 3,75 Fr.			der		fl. = 2 Fr. 14²/₇ Ct.			der		MBo. = 1 Fr. 87¹/₂ Ct.			der	
			niedrigste	höchste				niedrigste	höchste				niedrigste	höchste
Stück			Wechsel lautet über		Stück			Wechsel lautet über		Stück			Wechsel lautet über	
	Fr.	Ct.	Tlr.			Fr.	Ct.	fl.			Fr.	Ct.	Mk.	
14	18 672 050	—	30 000	1 265 000	1	690 000	—	—	322 000	—	—	—	—	—
12	4 146 450	—	5 720	265 000	—	—	—	—	—	—	—	—	—	—
98	2 265 155	73	47	60 000	5	3 642 857	14	100 000	500 000	1	141 375	—	—	—
809	2 033 676	—	75	14 615	—	—	—	—	—	—	—	—	—	—
447	16 704 742	80	50	1 095 000	—	—	—	—	—	—	—	—	—	—
19	2 638 034	92	400	500 000	—	—	—	—	—	—	—	—	—	—
96	19 270 547	45	87	2 518 385	—	—	—	—	—	8	18 760 500	—	20 000	1 800 000
—	—	—	—	—	—	—	—	—	—	11	648 266	81	1 791	125 000
1	112 500	—	—	30 000	—	—	—	—	—	25	2 381 683	71	232	500 000
34	1 740 417	25	449	300 000	3	32 142	85	4 000	6 000	91	3 848 997	81	111	500 000
10	2 062 500	—	50 000	75 000	1	214 285	71	—	100 000	25	13 854 750	—	100 000	1 000 000
5	3 562 500	—	100 000	400 000	20	8 904 642	85	5 500	400 000	32	4 088 094	81	371	500 000
11	5 625 000	—	40 000	200 000	9	1 714 285	71	60 000	100 000	225	14 605 154	70	531	600 000
—	—	—	—	—	—	—	—	—	—	—	—	—	—	—
1 056	73 828 574	15	47	2 518 385	39	15 198 214	26	4 000	500 000	418	53 328 822	84	111	1 800 000

und zurückgegeben 13 209,31 Fr., bleiben 717 771 593,06 Fr.

(2. Periode.) An Wechseln wurden in der 2. Periode 4513 Stück übergeben; sie w

Zu Nr.	Datum 1872	an englischen Plätzen Stück	Fr.	Ct.	der niedrigste Wechsel lautet über Lstrl	höchste	an holländischen Plätzen Stück	Fr.	Ct.	der niedrigste Wechsel lautet über fl.	höchste	an belgischen Stück	Fr.	Ct.	nie W
1	13. Jan.	—	—	—	—	—	285	48 315 465	29	452	2 000 000	441	7 407 447	25	
2	30. „	—	—	—	—	—	236	33 612 008	89	284	1 000 000	249	13 518 491	07	
3	13. Febr.	5	11 349 000	—	50 000	100 000	179	21 276 955	92	430	1 000 000	388	20 175 814	06	
5	28. „	8	20 176 000	—	100 000	100 000	62	19 416 970	77	597	1 000 000	81	14 808 721	89	
6	6. März	54	136 188 000	—	100 000	100 000	214	10 328 187	27	358	1 358 809	556	15 692 085	59	
7	8. „	1	2 522 000	—	—	—	—	—	—	—	—	—	—	—	
S. 2. Periode		68	170 235 000	—	50 000	100 000	976	127 949 588	14	284	2 000 000	1 715	71 602 559	36	

Zusammen 451

Tafel II.

an deutschen Plätzen (Taler)					an deutschen Plätzen (Gulden)					in Hamburg (Banco)				
Tlr. = à 3,75 Fr.			der		fl. = 2 Fr. $14^2/_7$ Ct.			der		MBo. = 1 Fr. $87^1/_2$ Ct.			der	
			niedrigste	höchste				niedrigste	höchste				niedrigste	höchste
Stück			Wechsel lautet über		Stück			Wechsel lautet über		Stück			Wechsel lautet über	
	Fr.	Ct.	Tlr.			Fr.	Ct.	fl.			Fr.	Ct.	Mk.	
98	16 613 499	59	900	1 000 000	—	—	—	—	—	264	16 492 227	06	181	2 000 000
22	15 882 337	50	400	1 000 000	1	1 071 428	57	—	500 000	136	11 640 665	04	395	1 000 000
67	18 404 691	25	1 000	500 000	7	4 178 571	42	100 000	900 000	339	4 198 483	76	359	61 170
17	2 687 260	—	1 700	200 000	3	4 071 428	57	100 000	900 000	238	7 939 876	40	535	1 000 000
497	104 935 755	77	48	4 000 000	3	1 297 109	57	100 000	405 317	36	22 975 517	76	548	2 950 000
26	20 114 896	87	2 000	2 850 000	—	—	—	—	—	—	—	—	—	—
727	178 638 440	48	48	**4 000 000**	14	10 618 538	13	100 000	900 000	1 013	63 246 770	02	181	2 950 000

2 290 896,13 Fr.

(Verzeichnis der Wechsel der 3. Periode ist Seite 29 abgedruckt.)

Die eingelieferten 10 534 Wechsel der 4. Periode waren zah

Zu Nr.	Datum 1873	an englischen Plätzen Stück	Fr.	Ct.	der niedrigste Wechsel lautet über Lstrl.	höchste	an deutschen Plätzen (Tal Thr. = à 3,75 Fr. Stück	Fr.	Ct.	der niedrigste Wechsel laute Lstrl.	h
2	2. Februar	—	—	—	—	—	976	44 942 891	27	47	6
6	6. März	—	—	—	—	—	1116	35 629 213	04	81	2
8	5. April	—	—	—	—	—	480	12 811 050	44	160	2
16	4. Juni	—	—	—	—	—	1857	57 027 845	32	13	1 0
19	4. Juli	—	—	—	—	—	519	25 278 779	30	38	1 0
22	5. August	—	—	—	—	—	1407	75 483 330	22	50	1 0
24	5. Septbr	5	12 650 000	—	100 000	100 000	1609	68 505 266	40	20	1 1
S. 4. Periode		5	12 650 000	—	100 000	100 000	7914	319 678 375	99	**13**	1 1

Zusammen 10 53

Tafel III.

an deutschen Plätzen (Gulden) fl. = 2 Fr. 14²/₇ Ct.		der niedrigste Wechsel lautet über	der höchste Wechsel lautet über	an deutschen Plätzen (Reichswährung) Stück			der niedrigste Wechsel lautet über	der höchste Wechsel lautet über
Fr.	Ct.	fl.	fl.	Stück	Fr.	Ct.	Mk.	Mk.
—	—	—	—	—	—	—	—	—
—	—	—	—	—	—	—	—	—
—	—	—	—	—	—	—	—	—
3 776 313	71	57	30 000	830	8 910 730	20	135	60 000
7 284 069	28	296	2 343 500	299	4 850 628	99	483	60 000
1 589 649	25	32	20 000	744	9 189 408	60	108	69 000
4 164 190	21	630	970 000	166	7 671 971	42	581	3 120 000
16 814 222	45	32	**2 343 500**	2039	30 622 739	21	108	3 120 000

379 765 337,65 Fr.

Zusammenstellung aller Zahlmittel	Gold (französisch)		Silbergeld deutsches		Silbergeld französisches		Für Geldsäcke angerechne[t]	
	Fr.	Ct.	Fr.	Ct.	Fr.	Ct.	Fr.	C[t.]
1. Periode 1871	109 000 060	—	44 823 985	10	41 020 805	43	24 974	6[illegible]
2. Periode 13. Jan.—11. April 1872	181 132	89	676 494	29	2 490 002	—	182	6[illegible]
3. Periode 29. Aug.—10. Okt. 1872	49 985	—	26 032 772	69	32 030 370	80	18 517	2[illegible]
4. Periode 1873	97 463 500	—	2 430 313	29	209 665 336	09	19 114	1[illegible]
In allem	206 694 677	89	73 963 565	37	285 206 514	32	57 788	6[illegible]
			= 359 170 079,69 Fr.					

knoten und nanweisungen			Wechsel		Summe aller Zahlmittel		Von der Gesamtsumme sind eingezahlt			
e	französische						bei der Landeshauptkasse ohne Quittungsleistung durch den Oberpräsidenten		bei den Oberpostkassen Cöln und Metz und der Bankkommandite Mülhausen und von diesen an das Oberpräsidium gesandt	
Ct.	Fr.	Ct.	Fr.	Ct.	Fr.	Ct.	Fr.	Ct.	Fr.	Ct.
14	125 000 000	—	717 771 593	06	1 068 336 613	33	—	—	—	—
10	—	—	622 290 896	13	626 401 135	06	—	—	—	—
46	—	—	377 699 079	45	449 853 695	65	3 198 861	39	—	—
95	—	—	379 765 337	65	700 329 081	13	37 437 225	30	116 335 652	04
65	125 000 000	—	2 097 526 906	29	2 844 920 475	17	40 636 086	69	116 335 652	04

Von den darunter befindlichen 24496 Wechseln waren zahlbar

	an englischen Plätzen					an holländis[chen Plätzen]	
				der			
	Stück	Fr.	Ct.	niedrigste (Wechsel lautet über, Lstrl.)	höchste (Wechsel lautet über, Lstrl.)	Stück	Fr.
1. Periode 1871	1 930	385 466 713	35	4	1 265 000	584	117 580 417
2. Periode 1872 Jan./März	68	170 235 000	—	50 000	100 000	976	127 949 588
3. Periode 1872 Aug./Dez.	—	—	—	—	—	—	—
4. Periode 1873	5	12 650 000	—	100 000	100 000	—	—
Sa.	2 008	568 351 713	35	4	1 265 000	1560	245 530 005
Es betrug							
a) der durchschnittl. Wechselbetrag		283 700 **1 Lstrl. = 25,22 Fr.**	— —	— —	— —	— —	157 391 **1 fl. = 2,10 Fr.**
b) der niedrigste Wechselbetrag in Fr.		100	—	—	—	—	597
c) der höchste Wechselbetrag in Fr.		31 903 300	—	—	—	—	5 250 000

Zusammenstellung

n r höchste utet über	an belgischen Plätzen Stück	 Fr.	 Ct.	der niedrigste Wechsel lautet über Fr.	 höchste	an deutschen Plätzen (Tlr. = à 3,75 Fr. Stück	 Fr.	 Ct.	niedrigste Wechsel
2 500 000	315	72 382 060	77	55	8 000 000	1 056	73 828 574	15	47
2 000 000	1 715	71 602 559	36	100	2 000 000	727	178 638 440	48	48
—	—	—	—	—	—	3 263	103 671 258	66	52
—	—	—	—	—	—	7 914	319 678 375	99	13
2 500 000	2 030	143 984 620	13	55	8 000 000	12 960	675 816 649	28	**13**
—	—	70 729	—	—	—	—	51 986	—	—
—	—	—	—	—	—	—	**1 Tlr.=3,75 Fr.**	—	—
—	—	55	—	—	—	—	**49**	—	—
—	—	8 000 000	—	—	—	—	15 000 000	—	—

aller Wechsel:

[T]aler)	an deutschen Plätzen (Gulden)					in Hamburg (Ba			
[d]er	fl. = 2 Fr. $14^{2}/_{7}$ Ct.			der		MBo. = 1 Fr. $87^{1}/_{2}$ Ct.			
höchste				niedrigste	höchste				nied
lautet über	Stück			Wechsel lautet über		Stück			We
Tlr.		Fr.	Ct.	fl.			Fr.	Ct.	
2 518 385	39	15 198 214	26	4 000	500 000	418	53 328 822	84	1
4 000 000	14	10 618 538	18	100 000	900 000	1 013	63 246 770	02	1
1 314 185	364	125 386 422	52	110	21 057 940	1 480	148 641 398	27	
1 107 360	576	16 814 222	45	32	2 343 500	—	—	—	
4 000 000	993	168 017 397	36	32	21 057 940	2 911	265 216 991	13	
—	—	169 101	—	—	—	—	91 108	—	
—	—	**14 fl. = 30 Fr.**	—	—	—	—	**1 Mk. = 1,875 Fr.**	—	
—	—	69	—	—	—	—	154	—	
—	—	45 124 160	—	—	—	—	**46 315 042**	—	

Tafel V.

e er	an deutschen Plätzen in Reichswährung Stück	Fr.	Ct.	der niedrigste Wechsel lautet über Mk.	höchste	Summe Stück	Fr.	Ct.	Durchschnittlicher Betrag der Wechsel Fr.
00	—	—	—	—	—	4 342	717 784 802	37 *)	165 312
00	—	—	—	—	—	4 518	622 290 896	13	137 889
57	—	—	—	—	—	5 107	377 699 079	45	73 957
	2 039	30 622 739	21	108	3 120 000	10 534	379 765 337	65	36 053
57	2 039	30 622 739	21	108	3 120 000	24 496	2 097 540 115	60	85 628
	—	15 018	—	—	—	—	85 628	—	—
	—	**1 Mk.=1,25 Fr.**	—	—	—	—	—	—	—
	—	135	—	—	—	—	49	—	—
	—	3 900 000	—	—	—	—	46 815 042	—	—

Die Zahlung der Kriegsentschädigung und die von ihr verursachten Bewegungen auf dem Geld- und Wertpapiermarkt.

Bericht an die Nationalversammlung,

erstattet

in der Sitzung vom 5. August 1874 im Namen ihrer Budgetkommission

von

Léon Say, Mitglied der Nationalversammlung.

In Art. 2 des in Versailles am 26. Februar 1871 unterzeichneten Vertrags über die Einstellung der Feindseligkeiten war die Zahlung einer Kriegsentschädigung von 5 Milliarden Francs bedungen worden, von dieser Summe sollten 1 Milliarde schon im Jahre 1871, die übrigen 4 Milliarden im Laufe der nächsten drei Jahre fällig sein. In dem Verhandlungsprotokoll war der Münzart, in der die Zahlungen bewirkt werden sollten, noch nicht Erwähnung getan, erst einige Tage später (am 11. März 1871), gelegentlich der Unterzeichnung des Abkommens in Ferrières, im Art. 15, wurde bestimmt, dass der Zahlung der Kriegsentschädigung der Taler zum Kurse von 3 Fr. 75 und der Gulden süddeutscher Währung zum Kurse von 2 Fr. 15 zu Grunde gelegt werden sollten.

Art. 7 des am 10. Mai 1871 in Frankfurt a. M. unterzeichneten Friedensvertrags äusserte sich bestimmter über Zahlungstermine und Zahlungsformen, und zwar folgendermassen:

30 Tage nach der Wiederherstellung der Ruhe in Paris sollten

. . . .	500 000 000 Fr.
im Laufe des Jahres 1871	1 000 000 000 Fr.
am 1. Mai 1872	500 000 000 Fr.
am 2. März 1874	3 000 000 000 Fr.
zusammen	5 000 000 000 Fr.

gezahlt werden.

Ausserdem hatte die französische Regierung am 3. März jedes Jahres die Zinsen zum Zinsfuss von 5% jährlich für die letzten 3 000 000 000 zu zahlen, wobei ihr jedoch die Befugnis vorbehalten war, unter der Bedingung einer Vorausbenachrichtigung von 3 Monaten, die Restschuld vor dem Verfalltag des 2. März 1874 durch Teilzahlungen abzutragen. Falls die französische Regierung von dieser Befugnis Gebrauch machen würde, sollte der Zinslauf vom Tage der Vorauszahlung an aufhören. Die Zahlung konnte erfolgen in Gold oder in Silber, in Noten der Bank von England, der Preussischen Bank, der Königlichen Bank der Niederlande, der Belgischen Nationalbank, in erstklassigen, auf die Währungen der genannten Länder lautenden Wechseln und anderen Ordrepapieren. Während — wie oben bemerkt, — für die deutschen Valuten ein Umrechnungskurs fixiert worden war, hatte man in Bezug auf die übrigen Werte einen festen Kurs nicht von vornherein bestimmt. Bezüglich dieser Werte sollte vielmehr nur derjenige Betrag als schuldtilgend in Betracht kommen, welchen das deutsche Reich aus ihrer Realisierung erzielte.

§ 3 der Ausführungsbestimmungen zum Berliner Vertrage vom 12. Oktober 1871, der diese Vorschrift enthält, spricht sich hierüber folgendermassen aus:

„§ 3: Es ist ausbedungen, dass die anderswo als in Deutschland domizilierten Wechsel, welche Frankreich der deutschen Reichsregierung übermacht bzw. übermachen wird, nur in Höhe der Nettobeträge in Rechnung gestellt werden, welche sich aus ihrer Realisierung und nach Abzug der dazu erforderlichen Kosten ergeben. Der Kurs der übermachten Wechsel, welcher der Zahlung zwischen beiden Ländern zu Grunde gelegt werden wird, soll der desjenigen Tages sein, an welchem Deutschland die Wechsel realisieren wird."

Schliesslich ist noch zu bemerken, dass gemäss § 6 des Art. 1 der Zusatzartikel zum Friedensvertrage vom 10. Mai 1871 von der am zweiten Zahlungstermine fälligen halben Milliarde der Kriegsentschädigung die Kaufsumme für den an das deutsche Reich überlassenen Teil der Ostbahn in Höhe von 325 Millionen Fr. in Abzug gebracht wurde, und dass ferner nach dem Frankfurter Separatabkommen vom 21. Mai 1871 (abweichend von den obenerwähnten Bestimmungen) 125 Millionen Fr. in Noten der Banque de France bezahlt werden konnten. Hierzu kommt, dass ein von der deutschen Regierung der Stadt Paris geschuldeter Betrag von 98 400 Fr. (zufolge der endgiltigen Regelung der Pariser Kriegssteuer von 200 Millionen) der französischen Regierung in Anrechnung gebracht worden ist. Es ergab sich demgemäss die folgende Situation:

Kriegsentschädigung	5 000 000 000 Fr.
In Ansatz gebrachte Zahlungen:	
Ostbahn	325 000 000 „
Stadt Paris	98 400 „
Zahlung in Noten der Bank von Frankreich	125 000 000 „
verbleiben:	4 549 901 600 Fr.

Diese enormen Zahlungen sollten keinesfalls im Wege des Kontokorrentverkehrs erfolgen, sie waren vielmehr an den durch die Verträge von vornherein festgesetzten oder 3 Monate zuvor bekanntgegebenen Terminen zu bewirken. Später wurde die französische Regierung laut dem Versailler Abkommen vom 29. Juni 1872 bezüglich der Zahlung der drei letzten Milliarden ermächtigt, Teilzahlungen im Mindestbetrage von 100 Millionen Fr. zu machen, und zwar wiederum stets nach einer 3 Monate vor dem Zeitpunkt der beabsichtigten Teilzahlung ergangenen Benachrichtigung.

Aus diesen verschiedenen Bestimmungen ergibt sich:

1. dass die von der französischen Regierung in englischen oder holländischen Werten, kurz in anderen als in deutschen Werten geleisteten Zahlungen, von der deutschen Regierung auf Kosten der französischen Regierung in deutsche Valuten umgerechnet wurden.
2. dass die im Besitze der französischen Regierung befindlichen deutschen Effekten nicht entsprechend ihrer Fälligkeit zu laufenden Zahlungen verwandt werden konnten, sondern dass die zu den verschiedenen Verfallzeiten der Effekten einkassierten Gelder bei den mit dem französischen Schatzamt in Verbindung stehenden Bankhäusern hinterlegt werden mussten, um zu nach Termin und Betrag vorher festbestimmten Zahlungen verwandt zu werden.

Die Zahlungstage sind später durch Frankreich auf einen früheren Zeitpunkt verlegt worden, um eine schnellere Räumung des Territoriums von den feindlichen Truppen zu erlangen, aber die Zahlungsart ist immer von den beiden oben angeführten Vorschriften abhängig geblieben.

Zu den in deutschen Währungsmünzen oder in sonstigen deutschen Werten zahlbaren 4549901600 Fr. sind Zinsen in Höhe von 301145078,44 Fr. hinzurechnen, sodass die Gesamtentschädigung einschliesslich dieser Zinsen 5301145078,44 Fr. betrug.

Der französische Staatsschatz überwies indess dem Deutschen Reich 5315758853,29 Fr., also 14613774,85 Fr.

zuviel, wovon 13772566,29 Fr. verrechnet und 700000 Fr. direkt zurückvergütet wurden, sodass noch ein Rest von 141208,56 Fr. zu Gunsten von Frankreich zu regulieren bleibt.

Der in Deutschland veröffentlichte Rechnungsbericht gibt eine Summe von 1484551274 Talern als von Frankreich empfangen an, was, unter Zugrundelegung einer Relation 1 Taler = 3,75 Fr.,

ausmachen würde	5 567 067 277,50
also	251 308 424,21

mehr als die oben angegebenen Beträge.

Dieses Plus erklärt sich durch die den französischen Städten, einschliesslich derjenigen der Stadt Paris, auferlegten Kriegssteuern, Kriegssteuern, die wir in der obigen Aufstellung nicht in Betracht gezogen haben.

Die gesamte Transaktion ist in zwei Abschnitte zerlegt worden, diejenige zur Bezahlung der zwei ersten und diejenige zur Bezahlung der drei letzten Milliarden.

Die Transaktion zur Bezahlung der ersten zwei Milliarden ist am 1. Juni 1871 eingeleitet und mit der Zahlung der Zinsen auf die restlichen drei Milliarden am 6. März 1872 zu Ende geführt worden.

Sie vollzog sich zweimal mittels Abrechnung, sechzehnmal mittels Barzahlung. Als eine einzige Zahlung ist hierbei die Reihe von Zahlungen betrachtet worden, zu denen die Zahlungen des Restes der ersten und der zweiten sowie der dritten Milliarde Anlass gegeben hatten, weil diese Zahlungen mittels Transports nach Strassburg durch einen ad hoc delegierten französischen Bevollmächtigten in deutschem Gelde, französischem Gold und Silber, in Wechseln und Staatspapieren bewirkt wurden. Jede Zahlung fand ihren Schluss durch eine deutsche Quittung, sobald die Zählung beendet war. Diese Zählung beanspruchte ziemlich viel Zeit und kam speziell in deutschem Gelde auf nicht mehr als 800000 Fr. täglich.

Die Transaktion zur Zahlung der ersten beiden Milliarden umfasste — mit Kapital und Zinsen — 2161958767,43 Fr., die Kompensationen (Wert der Ostbahn und die Schuld des Deutschen Reichs an die Stadt Paris) betrugen

	325 098 400,00 Fr.
die Noten der Bank von Frankreich, Geld und Wertpapiere	1 836 860 367,43 „
Insgesamt	2 161 958 767,43 Fr.

Die Summe von 1 836 860 367,43 Fr. zerfällt in

Noten der Bank von Frankreich	125 000 000,00	Fr.
Französisches Gold	109 001 502,85	„
Französisches Silber	63 016 695,00	„
Deutsches Geld und deutsche Banknoten	62 554 115,93	„
Taler	312 650 509,01	„
Frankfurter Gulden	25 816 752,37	„
Mark (Banko)	116 575 592,13	„
Holländische Gulden	250 540 821,46	„
Belgische Francs	147 004 546,40	„
Pfund Sterling	624 699 832,28	„
Insgesamt	1 836 860 367,43	Fr

Die Transaktion zur Zahlung der drei letzten Milliarden nahm ihren Anfang am 29. August 1872 und war am 5. September 1873 beendet. Sie vollzog sich in 17 Zahlungen und umfasste — mit Kapital und Zinsen — 3 153 800 085,86 Fr.

Diese Summe zerfällt in

Französisches Gold	164 001 555,25	Fr.
Französisches Silber	176 275 180,75	„
Deutsches Geld und deutsche Banknoten	42 485 029,25	„
Taler	2 172 663 212,03	„
Frankfurter Gulden	209 311 400,42	„
Mark (Banko)	148 641 398,27	„
Reichsmark	79 072 309,89	„
Belgische Francs	148 700 000,00	„
Pfund Sterling	12 650 000,00	„

Wir werden weiter unten die Unterschiede in der Zusammensetzung der Zahlungen jeder der beiden Transaktionen auseinandersetzen und geben hier nachstehend nur noch ein Bild der Zahlungen nach den Zeitpunkten der Zahlungen:

1871.	1. Juni	40 000 000,00	Fr.
	8. „	40 000 000,00	„
	15. „	45 000 000,00	„
	1. Juli.	100 461 504,85	„
	10.—31. Juli	274 870 433,89	„
	1.—31. August	175 059 770,11	„
	1. September—2. Oktober	510 006 825,36	„
1872.	13. Januar	84 712 629,16	„
	30. „	76 410 890,42	„
	1 Februar	7 500 000,42	„
	13. „	80 852 182,06	„
	28. „	69 560 521,43	„
	Zu übertragen	1 504 434 757,70	Fr.

		Übertrag	1 504 434 757,70 Fr.
	6. März		149 815 042,51 „
	8. „		29 552 396,38 „
	5.–12. März		3 000 000,00 „
	6. März (Zinsen)		150 058 171,26 „
	29. August—5. September		250 831 964,91 „
	6. und 7. September		255 922 497,71 „
	2.—4. Oktober		100 214 635,71 „
	23.—24. „		100 175 786,65 „
	6.—10. November		100 010 214,82 „
	6.—10. Dezember		200 542 541,44 „
1873.	11.—17. Januar		150 089 285,71 „
	6.–8. Februar		200 071 022,37 „
	6.—10. März		150 058 320,18 „
	1.—3. „ (Zinsen)		128 864 058,25 „
	1.—10. April		250 118 002,38 „
	5.—10. Mai		250 604 015,40 „
	29. Mai—5. Juni		250 410 715,64 „
	24. Juni – 5. Juli		252 197 427,68 „
	5. August		250 223 129,93 „
	3.—5. September		240 264 912,08 „
	5. September (Zinsen)		23 201 555,08 „
		Insgesamt	4 990 660 453,29 Fr.

II.

Wir sahen, dass die gesamten Zahlungen

sich auf	5 315 758 853,29 Fr.	beliefen
wovon	5 000 000 000,00 „	auf die Kriegsentschädigungssumme
	301 145 078,44 „	auf die Zinsen
	13 772 566,29 „	auf Vergütung für die Kosten

entfielen,

während	700,000,00 „	zurückvergütet worden sind
und	141 208,56 „	noch zu regeln sind.

Die Zinsen sind aus den allgemeinen Staatseinnahmen, die Hauptsumme und die Kosten durch Begebung von Anleihen aufgebracht worden. Es scheint müssig, näher darauf einzugehen, auf welche Anleihen die an das Deutsche Reich erfolgten Zahlungen verrechnet werden müssen. Es sind drei grosse Anleihen aufgenommen worden, die erste in Höhe von 1 530 000 000 Fr. bei der Bank von Frankreich, die beiden anderen durch Emission von Rentenbriefen, und zwar eine in Höhe von 2 225 994 045 Fr. und eine in Höhe von 3 498 744 639 Fr. Da indess die ersten Zahlungen an das deutsche Reich bereits vom 1.—15. Juni 1871 erfolgten, während die erste Rentenanleihe die erforderliche gesetzliche Sanktion erst am 21. Juni 1871 erhielt, berücksichtige man, dass ein Betrag von 125 Millionen von der bei der Bank von Frankreich gemachten Anleihe zu den ersten Zahlungen verwandt worden ist und nur der Rest aus den öffentlichen Anleihen herrührt.

Die 5 315 758 853,29 Fr. verteilen sich also folgendermassen:

auf die mit der Ostbahn vorgenommene Verrechnung	325 000 000,00	Fr.
auf die bei der Bank von Frankreich erhobene Anleihe	125 000 000,00	„
auf die Zwei-Milliarden-Anleihe[1]) . .	1 561 958 767,43	„
auf die Drei-Milliarden-Anleihe[1]) . .	3 002 655 007,42	„
aus den allgemeinen Staatseinnahmen im Jahre 1872 und 1873 für Zinsen	301 145 078,44	„
Insgesamt	5 315 758 853,29	Fr.

Die durch Gesetz vom 21. Juni 1871 sanktionierte Zwei-Milliarden-Anleihe gelangte am 27. Juni zur öffentlichen Subskription. Sie brachte 2 225 994 045 Fr. ein, welche von den Zeichnern in 17 Raten einzuzahlen waren, die erste sogleich bei der Zeichnung, die 16 anderen in Monatsraten, vom 21. August 1871 bis zum 21. November 1872.

Die durch Gesetz vom 15. Juli 1872 sanktionierte Drei-Milliarden-Anleihe kam am 28. Juli zur öffentlichen Zeichnung. Sie ergab 3 498 744 639 Fr., welche von den Zeichnern in 21 Raten einzuzahlen waren, die erste bei der Zeichnung, die 20 übrigen monatweise vom 21. September 1872 bis 11. April 1874.

Am 31. Juli 1874 war die erste Anleihe ausverkauft, diejenigen Stücke, auf welche noch Einzahlungen im Rückstand waren, wurden vom Schatzamt verkauft.

In dieser Zeit waren auf die zweite Anleihe nur noch 7 136 000 Fr. einzuzahlen.

Nachstehend geben wir die Aufstellung der Monat für Monat erfolgten Einzahlungen auf die beiden Anleihen.

2-Milliarden-Anleihe.

	Einzahlung bei der Zeichnung	323 780 000	Fr.
1871.	August	967 742 000	„
	September	159 081 000	„
	Oktober	135 072 000	„
	Zu übertragen:	1 585 675 000	Fr.

[1]) Wir haben in diesen Summen die an das Deutsche Reich bezahlten Unkosten eingerechnet, nämlich: 11 958 767,43 Fr. auf die beiden ersten und 2 655 007,42 Fr. auf die drei letzten, zusammen 14 613 774,85 Fr.

	Übertrag:	1 585 675 000	Fr.
	November	69 029 000	„
	Dezember	95 714 000	„
1872.	Januar	78 734 000	„
	Februar	44 732 000	„
	März	64 807 000	„
	April	69 235 000	„
	Mai	69 481 000	„
	Juni	32 643 000	„
	Juli	19 298 000	„
	August	24 343 000	„
	September	18 978 000	„
	Oktober	19 620 000	„
	November	16 625 000	„
	Dezember	7 307 000	„
1873.	Januar bis Dezember . . .	8 701 000	„
	Rückstand am 31. Dezemb. 1873	1 072 000	„
	Insgesamt	2 225 994 000	Fr.

3 Milliarden Anleihe.

	Zahlung bei der Zeichnung .	600 376 000	Fr.
1872.	September	781 311 000	„
	Oktober	368 559 000	„
	November	232 300 000	„
	Dezember	148 322 000	„
1873.	Januar	234 650 000	„
	Februar	97 949 000	„
	März	90 932 000	„
	April	87 893 000	„
	Mai	90 371 000	„
	Juni	71 777 000	„
	Juli	93 111 000	„
	August	101 256 000	„
	September	48 654 000	„
	Oktober	41 015 000	„
	November	56 029 000	„
	Dezember	50 284 000	„
1874.	Januar	72 593 000	„
	Februar	49 350 000	„
	März	94 858 000	„
	April	64 451 000	„
	Mai	5 399 000	„
	Juni	7 423 000	„
	Juli	2 745 000	„
	Rückstand am 31. Juli 1874 .	7 136 000	„
	Insgesamt	3 498 744 000	Fr.

III.

Ueberschlägt man die von den Anleihezeichnern zu bestimmten Zeitpunkten insgesamt an die Staatskassen geleisteten und andererseits die gleichzeitig an das deutsche Reich auf die Kriegsentschädigung erfolgten Zahlungen, so gewahrt man, dass die zur Zahlung der Kriegsentschädigung bestimmten Gelder niemals zur Bestreitung der allgemeinen Staatsausgaben gedient haben, sondern so schnell als nur angängig zur Tilgung der Schuld verwandt worden sind, von der die Räumung des Landes abhängig war.

Um eine anschauliche Uebersicht über diese Zahlungen zu geben, empfiehlt es sich, die von den Anleihezeichnern geleisteten Einzahlungen danach zu unterscheiden, ob sie zur Begleichung der Kriegsentschädigung oder zur Bestreitung allgemeiner durch die verschiedenen Etatgesetze bestimmten Ausgaben verwendet worden sind.

Von der ersten Anleihe im Betrage von 2 225 000 000 Fr. wurden 1 561 000 Fr., also 70 %, für die Kriegsentschädigung verwandt. Stellt man diesen Prozentsatz bei der Uebersicht der Monatszahlungen in Rechnung, so erhält man denjenigen Teil der Anleihe, welcher, am Schlusse jedes Monats seit Beginn der Einzahlungen vom Schatzamt zur Durchführung der in diesem Bericht behandelten Transaktion vereinnahmt wurde. Hierbei ist die 125 Millionen-Anleihe bei der Bank von Frankreich in Abzug gebracht.

Datum	Auf die erste Anleihe geleistete Einzahlungen	Hiervon 70 % für die Kriegsentschädigung	An das deutsche Reich gezahlte Beträge
30. September 1871	1 450 000 000	1 015 000 000	1 060 000 000
31. Oktober „	1 585 000 000	1 109 000 000	1 060 000 000
30. November „	1 654 000 000	1 157 000 000	1 060 000 000
31. Dezember „	1 750 000 000	1 225 000 000	1 060 000 000
31. Januar 1872	1 829 000 000	1 280 000 000	1 221 000 000
28. Februar „	1 873 000 000	1 311 000 000	1 379 000 000
31. März „	1 988 000 000	1 356 000 000	1 561 000 000

Vergleicht man die zur Zahlung der Kriegsentschädigung verwendeten Beträge der Anleihe mit den tatsächlich an das deutsche Reich geleisteten Summen, so gewahrt man, dass zu den letzteren nicht immer der gesamte aus den Anleihen zwecks Bezahlung der Kriegsentschädigung vereinnahmte Betrag verwandt wurde, und dass andererseits das Schatzamt in einigen Monaten darüber hinaus Zahlungen leistete.

z. B. im Februar 1872 68 000 000 Fr., am 31. März 1872 sogar 205 000 000 Fr.

Aber es genügte dem Schatzamt nicht, über die zur Zahlung der Kriegsentschädigung erforderlichen Fonds zu verfügen, es war auch nötig, für Umtausch in die vorgeschriebenen Zahlungsmittel zu sorgen. Dazu musste es entsprechende Reserven zur Verfügung haben, und zwar in recht beträchtlichen Beträgen, nämlich

1871.	30. September	90 000 000
	31. Oktober	247 000 000
	30. November	305 000 000
	31. Dezember	320 000 000
1872.	31. Januar	444 000 000
	28. Februar	344 000 000
	31. März	101 000 000

Addiert man zu diesen Summen, resp. subtrahiert man von ihnen diejenigen Beträge, über welche das Schatzamt zu diesen Zeitpunkten ausserdem noch verfügte, so konstatiert man nach Vergleich mit den abgeführten Zahlungen, dass die vom Schatzamt zum Zwecke der Kriegsentschädigungszahlung geleisteten Vorschüsse und zwar sowohl auf die Zahlungen selbst als auf die Kosten für die Umtauschtransaktionen, zu den erwähnten Zeitpunkten folgende gewesen sind:

1871.	30. September	135 000 000
	31. Oktober	198 000 000
	30. November	208 000 000
	31. Dezember	155 000 000
1872.	31. Januar	385 000 000
	28. Februar	412 000 000
	31. März	306 000 000

Also hat das Schatzamt zur Bestreitung der ersten beiden Milliardenzahlungen aus Mitteln, die später endgiltig eine ganz andere Verwendung fanden, Vorschüsse leisten müssen, und zwar einmal aus der Zwei-Milliarden Anleihe, dann aus der bei der Bank von Frankreich in Höhe von 1 530 000 000 Fr. aufgenommenen Anleihe und schliesslich durch Ausgabe von Schatzscheinen. Der gleiche Vorgang spielte sich in ganz ähnlicher Weise gelegentlich der Zahlung der letzten 3 Milliarden ab.

Die Drei-Milliarden-Anleihe ergab 3 500 000 000 Fr., davon wurden 3 002 000 000 zur Zahlung der Kriegsentschädigung an das deutsche Reich verwandt, also ungefähr 87%. (Vergl. hierüber die folgende Zusammenstellung.)

Zeitpunkt der Zahlung	Einzahlungen auf die Drei-Milliardenanleihe	Hiervon wurden zur Zahlung der Kriegsentschädigung verwandt 87%	Tatsächlich an Deutschland gezahlt wurden
1872. 30 Sept.	1 381 000 000	1 201 000 000	506 000 000
31. Okt.	1 750 000 000	1 522 000 000	707 000 000
30. Nov.	1 982 000 000	1 724 000 000	807 000 000
31. Dez.	2 130 000 000	1 853 000 000	1 007 000 000
1873. 31. Jan.	2 365 000 000	2 057 000 000	1 150 000 000
28. Febr.	2 463 000 000	2 143 000 000	1 350 000 000
31. März	2 554 000 000	2 222 000 000	1 500 000 000
30. April	2 642 000 000	2 298 000 000	1 750 000 000
20. Mai	2 704 000 000	2 352 000 000	2 000 000 000
30. Juni	2 804 000 000	2 439 000 000	2 250 000 000
31. Juli	2 897 000 000	2 520 000 000	2 500 000 000
31. Aug.	2 998 000 000	2 608 000 000	3 002 000 000

Aus dieser Tabelle erhellt, dass bis zum 20. Mai 1873 87% der zur Kriegsentschädigungszahlung bestimmten Anleihe nicht nur zur Zahlung der fälligen Raten genügten, sondern das überdies davon noch Mittel zur Bezahlung fernerer Raten zurückgestellt werden konnten.

Zieht man aber die Gesamtsumme der tatsächlich ad hoc vorhanden gewesenen Mittel in Betracht, so lässt sich konstatieren, dass das Schatzamt auch bei diesem zweiten Teil der Transaktion von den ersten Monaten des Jahres 1873 an erhebliche Vorschüsse leisten musste. Tatsächlich standen nämlich für die Kriegsentschädigung zu den fragligen Zeitpunkten folgende Mittel bereit:

1872.	30. September	679 000 000
	31. Oktober	749 000 000
	30. November	819 000 000
	31. Dezember	883 000 000
1873.	31. Januar	932 000 000
	28. Februar	828 000 000
	31. März	820 000 000
	30. April	772 000 000
	20. Mai	600 000 000

Addiert man die eben genannten Beträge und diejenigen Summen, welche zu denselben Zeitpunkten an das deutsche Reich gezahlt wurden, und vergleicht man die hieraus sich ergebende Gesamtsumme mit dem zur Bezahlung der Kriegsentschädigung bestimmten Anleihequoten, so sieht man, dass die Anleihe dazu bis zum 30. November 1871 mehr als genügt hatte.

Es bestand ein Ueberschuss an Mitteln

am 30. September 1872	in Höhe von	16 000 000
am 31. Oktober	„ „ „ „	66 000 000
am 30. November	„ „ „ „	98 000 000

Aber von Dezember 1872 an bis Mai 1873 mussten wieder die dem Schatzamt zur Verfügung stehenden allgemeinen Fonds herhalten; die daraus geschöpften Vorschüsse betrugen

am 31. Dezember	1872	37 000 000
am 31. Januar	1873	25 000 000
am 28. Februar	„	35 000 000
am 31. März	„	98 000 000
am 30. April	„	224 000 000
am 20. Mai	„	246 000 000

Um die Zeit vom 20. Mai 1873 mussten die drei letzten Zahlungen jede in Höhe von 250 000 000 Fr. vorbereitet werden, die am 5. Juni bis 5. September zu leisten waren und demgemäss Anschaffungen von Fonds und sonstige Zahlungsmittel bis zum Betrage von 1 Milliarde Fr. erfolgen. Im Portefeuille befanden sich, wie obige Aufstellung zeigt, Zahlungsmittel in Höhe von 600 000 000 Fr; die Einzahlungen auf die Anleihen hatten (vergl. die früheren Tabellen) durchschnittlich monatlich 90 000 000 Fr. ergeben und konnten in den Monaten Juni, Juli und August noch 270 000 000 Fr. zum Ankauf der erforderlichen Zahlungsmittel liefern. Es fehlten demnach kaum 130 000 000 Fr., um den Vertrag vom 15. März 1873 auszuführen und die monatliche Zahlung an das deutsche Reich im Betrage von 250000000 bis zum 5. September, dem endgiltigen Schlusstermin, festzusetzen. Unter diesen Umständen glaubte die Regierung von der nachstehenden, ihr durch Art. 3 des Gesetzes vom 15. Juli 1872 eingeräumten Befugnis Gebrauch machen zu dürfen:

„Art. 3: Um zu den festgestellten Zeitpunkten die Zahlung der dem deutschen Reiche geschuldeten restlichen 3 Milliarden zu sichern und die Räumung des Territoriums zu beschleunigen, ist der Finanzminister befugt, mit der Bank von Frankreich und anderen Finanzgruppen besondere Vereinbarungen zwecks prompter Bereithaltung der aus den Anleihen gewonnenen Gelder und zwecks Erleichterung von Vorauszahlungen zu treffen.“

Die Bank von Frankreich kam den Absichten der Regierung entgegen, indem sie 200 000 000 Fr. vorzuschiessen bereit war, deren Rückzahlung sich nach den Einzahlungen auf die Anleihe — von Dezember 1873 an — richten sollte. Dieser Vorschuss sollte in Gold zahlbar sein, wodurch das Schatzamt gleichzeitig in Besitz von ihm mangelnden Fonds, als auch von unmittelbar schuldtilgendem Gelde kam, dessen es sich zu den Zahlungen bedienen konnte. Das Interesse der Bank von Frankreich in Bezug auf die Vorschusszahlung in Gold deckte sich durchaus mit dem Interesse des Schatzamts. Man darf sogar sagen, dass es in dem hier fraglichen Zeitpunkte für die Bank vorteilhafter war, Gold als Banknoten zu leihen, weil nachdem in Folge des Zwangskurses eine Einschränkung der Emissionen notwendig geworden war, die Bankleitung unausgesetzt die Kontrolle über das Quantum der noch in den Verkehr zu bringenden Banknoten im Auge behalten musste. Der durch Gesetz vom 12. August 1870 auf 1 800 000 000 Fr. festgesetzte Emissionsbetrag war durch Ges. v. 14. August 1870 auf 2 400 000 000 Fr., durch das Gesetz vom 29. Dezember 1871 auf 2 800 000 000 Fr., durch Gesetz vom 15. Juli 1872 auf 3 200 000 000 Fr. erhöht worden, und der Umlauf betrug im Laufe vom Mai 1873 2 800 000 000 Fr., im Februar des vorausgegangenen Jahres hatte der Umlauf sogar 2 858 000 000 Fr. betragen und die Zukunft sollte beweisen, dass die Geschäftslage sogar noch eine höhere Ziffer forderte, da der Umlauf im November 3 000 000 000 Fr. erreichte und überschritt. Am 20. Mai hatte die Bank eine Reserve in Noten von 400 000 000 Fr.; diese Reserve entsprach der Differenz zwischen dem Umlauf, der 2 800 000 000 Fr. erreicht hatte, und der gesetzlichen — Ges. v. 15. Juli 1873 — Höchstziffer von 3 200 000 000 Fr.; es wäre riskant gewesen, dem Staat diese Reserve von 400 Millionen vorschnell auszuantworten, weil es wichtig war, sie zu Diskontzwecken zu bewahren. Auf der anderen Seite fand das Schatzamt seinen Vorteil dabei, al pari schuldtilgendes Geld zu erhalten, was es der Notwendigkeit des Wechselankaufs überhob. Zudem lieferte es durch die Goldabgabe an das deutsche Reich die zur Herstellung der neuen deutschen Reichsmünzen erforderlichen Metallmengen, die andernfalls aus England hätten bezogen werden müssen, was Goldbezüge von der Bank von England, eine Diskonterhöhung und folgeweise eine Kapitalversteifung in Paris nach sich gezogen hätte, welche wahrscheinlich den Erfolg der Drei-Milliarden-Anleihe ganz erheblich beeinträchtigt hätte.

Aus allen diesen Beweggründen wurde ein in Gold zahlbarer Vorschuss von 200 000 000 Fr. mit der Bank von Frankreich vereinbart. Auf diese Summe wurden zunächst nur

150 000 000 Fr. entnommen, und zwar in jedem der Monate Juni, Juli, August 1873 je 50 Millionen. Da die Zahlungen und Vorauszahlungeu auf die Anleihen fortgesetzt mit grösster Regelmässigkeit vor sich gingen, so konnte das Schatzamt der Bank bereits im Dezember 1873 22 000 000, 50 000 000 im Januar, den Rest im Februar 1874 zurückzahlen. Dank diesen Operationen konnten am 30. Juni 493 000 000, am 31. Juli 1873 425 000 000 zur Verfügung stehen. Zählt man diese Beträge zu den bis dahin an das deutsche Reich schon insgesamt geleisteten Zahlungen, was am 30. Juni 2 743 000 000, am 31. Juli 1873 2 925 000 000 ergibt, so findet man, dass zu ersterem Zeitpunkt 304 000 000 zu wenig da waren, wovon die Bank 50 000 000 geleistet hatte, zum zweiten Zeitpunkt 405 000 000, wovon die Bank 100 000 000 geliefert hatte. Die Anleihe hatte schliesslich, als die Transaktion für August 1873 zu Ende geführt war, 2 608 000 000 für die Kriegsentschädigung ergeben, 394 000 000 weniger, als nötig war. Diese 394 000 000 Fr. hattte man sich folgendermassen verschafft: 150 000 000 Fr. durch einen von der Bank von Frankreich erhaltenen Vorschuss, den Rest mit 244 000 000 Fr. durch Vorwegentnahme aus den allgemeinen Staatseinnahmen und durch Ausgabe von Schatzscheinen.

Aus dem gesamten Tatbestand lässt sich die im Anfang von uns erwähnte Folgerung ziehen: Die zur Zahlung der 5 Milliarden bestimmten Kapitalien sind so schnell als möglich zur Verwendung gekommen, die sich ergebenden inneren finanziellen Schwierigkeiten haben die Räumung keinen Moment aufgehalten. Die Fonds, mit denen die Räumung des Territoriums zu erreichen war, haben auch nicht einmal vorübergehend zum Besten der so schwierigen Budgetierung Verwendung gefunden.

IV.

Wie bereits bemerkt, bezifferten sich die an das deutsche Reich gezahlten Beträge auf 5 315 758 853,29 Fr. In was für Werten diese enorme Zahlung stattgefunden hat, ist auch bereits angegeben worden. Es kamen in Betracht:

1. Kompensationen in Höhe von .	325 098 400,00	Fr.
2. Banknoten, deutsches Geld, Gold u. Silber in Höhe von	742 334 079,03	„
3. Wechsel im Gesamtbetrage von .	4 248 326 374,26	„
	5 315 758 853,29	Fr.

1. § 1 Art. 1, bezw. Art. 6 der Zusatzartikel zum Frankfurter Friedensvertrag vom 10. Mai 1871 bestimmte, dass die französische Regierung die der Ostbahngesellschaft erteilte Konzession,

soweit sich ihr Gebiet in dem abgetretenen Territorium befand, zurückkaufen und gegen Zahlung von 325 000 000 Fr. an das deutsche Reich abzutreten habe, wogegen diese letztere Summe von der Kriegsentschädigung gekürzt werden solle. Die Summe steckt, als Kompensation bezeichnet, in der — zwischen 1. und 31. August 1871 — geleisteten Zahlung der 2. halben Milliarde. Die demgemäss von der französischen Regierung unverzüglich geführten Verhandlungen führten zu dem durch Gesetz vom 17. Juni 1873 sanktionierten Abkommen, durch welches die Ostbahngesellschaft für die Abtretung der in Betracht kommenden Linien und für den sonstigen ihr durch diese Abtretung erwachsenden Verlust entschädigt wurde.

Mit der zur Kompensation gestellten Forderung der Stadt Paris an das deutsche Reich hatte es folgende Bewandnis:

Art. 11 des Versailler Waffenstillstands-Vertrags vom 28. Januar 1871 sah die Entrichtung einer Kriegskontribution der Stadt Paris in Höhe von 200 000 000 Fr. vor. Diese Summe sollte, nachdem der Zahlungsmodus durch eine aus Franzosen und Deutschen bestehende Kommission festgesetzt worden, binnen 14 Tagen nach Abschluss des Waffenstillstandes fällig werden. Die Kommission unterzeichnete am 11. Februar 1871 in Versailles ein Uebereinkommen, demzufolge die Zahlungen in folgender Gestalt zu leisten waren:

50 Millionen in Währungsmünze,

50 Millionen in Noten der Bank von Frankreich,

37 ½ Millionen in Wechseln auf Berlin, binnen 2 Monaten zum Kurse von 3,75 Fr. zahlbar,

63 Millionen in Wechseln auf London zum Kurse von 25,20 Fr., wovon 40 320 000 Fr. binnen 6 Tagen, 22 680 000 binnen 14 Tagen zahlbar sein sollten.

Ueber die gesamte Zahlung sollte eine Schlussabrechnung erfolgen, in welcher der Abschlag der Zinsen der Wechsel auf Berlin und London, sowie der Betrag für die in Betracht kommenden ausländischen Stempelgebühren usw. in Ansatz gebracht werden sollte. Diese später erfolgte Schlussabrechnung ergab ein Saldo zu Gunsten der Stadt Paris im Betrage von 98 400 Fr., welcher Betrag vom deutschen Reich der französischen Regierung gelegentlich der Zahlung der 2. halben Milliarde in Rechnung gestellt wurde.

Es ist nun nicht ohne Interesse, an dieser Stelle darauf zu verweisen, in wie vorteilhafter Weise diese Pariser Transaktion dank der günstigen Wechselkurse durchgeführt werden konnte; sie hat gewissermassen die Einleitung zu der grossen 5 Milliarden-Transaktion gebildet und ist für deren Erfolg vorbildlich gewesen.

Die Stadt Paris hatte von der Bank von Frankreich 210 000 000 Fr. in Noten der Bank entliehen, worauf sie 50 000 000 Fr. in Banknoten erhoben hatte, deren Auszahlung durch Abkommen vom 11. Februar 1871 bewilligt worden war.

Sie hatte überdies von der Bank, im Austausch gegen die gleiche Summe in Banknoten, 50 000 000 Fr. in Gold erhalten, die an das deutsche Reich auszuzahlen waren, aber mit der Auflage, ihrerseits dies Gold der Bank in möglichst kurzer Frist zurückzuerstatten. Sie hatte schliesslich mit einem aus den ersten Pariser Bankhäusern bestehenden Konsortium Vereinbarungen getroffen, einerseits zwecks Rückkaufs des der Bank zu erstattenden Goldes, andererseits zwecks Lieferung der in dem Abkommen vorgesehenen kurzfristigen Wechsel auf Berlin und London, endlich zwecks Ankaufs von Wechseln zur Deckung dieser Tratten.

Die Bankhäuser hatten demgemäss Tratten auf die ihnen befreundeten ausländischen Firmen abgegeben mit der Bedingung, dass man sie am Fälligkeitstage durch Wechsel decken sollte. Das sind die Wechsel, welche das Konsortium für Rechnung und Kosten der Stadt Paris kaufen musste.

Das Gold ist zum Durchschnittskurs von 4,90 Fr., die Wechsel sind zum mittleren Kurs von 25 Fr. 3448 auf London und von 37 Fr. 325 auf Berlin gekauft worden. Das Gold war sehr rasch zurückgekauft worden, und es mag als besonders interessant erwähnt werden, dass man behufs Rückerstattung an die Bank vom deutschen Reich einen Teil des Goldes wieder zurückkaufte, welches zuvor mit der Zahlung von 50 000 000 Fr. in Gold geleistet worden war, derenwegen die Stadt Paris sich erst an die Bank gewandt hatte. Die Stadt Paris hatte, laut den Bestimmungen des Vertrags vom 11. Februar 1871 die Taler an das deutsche Reich zum Kurse von 3,75 Fr. und Lstr. zum Kurs von 25,20 Fr. übermittelt. Indem sie den Wechsel zum ebengenannten Kurse einkaufte, profitierte sie demnach $1\frac{3}{4}$c. am Taler, während sie 14,88 c. am Lstr. einbüsste. Ende Juni 1871 war die Transaktion völlig durchgeführt und hatte — einschliesslich aller Unkosten — der Stadt Paris 1 965 240,30 Fr. gekostet.

2. Die Zahlungen in Banknoten und deutscher Währungsmünze beliefen sich auf 742334079,03 Fr., nämlich,

Noten der Bank von Frankreich .	125 000 000,00	Fr.
deutsche Banknoten u. deutsches Geld	105 039 145,18	„
französisches Goldgeld	273 003 058,10	„
französisches Silbergeld	239 291 875,75	„
	742 334 079,03	Fr.

Die Zahlung der 125 000 000 Fr. in Noten der Bank von Frankreich erfolgte gemäss Abkommen vom 21. Mai 1871 alsbald nach Niederwerfung des Kommune-Aufstandes in drei — von 8 zu 8 Tagen stattfindenden — Zahlungen.

Die Zahlung in deutschen Noten und deutschem Geld war anfänglich erheblicher als zum Schluss der Transaktion. Von der in dieser Form bewirkten Zahlung von 105 000 000 steckten 62 500 000 Fr. in den beiden ersten Milliarden, 42 500 000 Fr. in den drei letzten, und von den 42 500 000 steckten allein 34 000 000 in dem ersten Viertel der erstgezahlten der drei letzten Milliarden. Es wurden mithin in deutschem Gelde bezahlt

vom 10. Juli 1871 bis 6. Septbr. 1872 .	97 003 691,11
vom 6. Novbr. 1872 bis 5. Septbr. 1873	8 035 454,07

Dieses deutsche Geld war infolge der Invasion nach Frankreich gekommen und durch alle öffentlichen Kassen, zwecks Transports nach Strassburg, gesammelt worden, wo es durch einen eigens ernannten französischen Bevollmächtigten nach einer überaus minutiösen Zählung an das deutsche Reich übermittelt wurde. Die Ausgaben der Invasionsarmee sind zum grössten Teil durch Frankreich bezahlt worden, da während des Krieges unsere Städte nicht nur Requisitionen über sich ergehen lassen mussten, sondern überdies auch noch Kriegskontributionen zu zahlen hatten, und zwar recht beträchtliche Summen; indessen die im Requisitionswege aufgetriebenen Lieferungen und die Kriegskontributionen genügten noch keineswegs zur Deckung des gesamten Bedarfs einer so ungeheuren Menschenmasse wie des deutschen Heeres; vielmehr haben die deutsche Heeresverwaltung ausserdem noch zur Bestreitung der allgemeinen Unkosten ebenso wie Offiziere und Soldaten persönlich zur Bestreitung ihrer privaten Ausgaben deutsches Geld und deutsche Banknoten in Umlauf gesetzt. Man hat übrigens einen Beleg für den Bedarf der deutschen Armee an dem zu Ausgaben in Frankreich erforderlichem Geld in den seitens der deutschen Heeresverwaltung bewirkten forcierten Ankäufen von französischen 20 Fr.-Stücken in Deutschland. Das französische 20 Fr.-Stück galt in Deutschland = 9 Fl. 21 $^1/_2$, von November 1870 an stieg es bis auf = 9 Fl. 32$^3/_4$ = 2 % über Pari, hielt sich bis zum Friedensschlusse = 9 Fr. 31½ und fiel gleich darauf auf 9 Fl. 27½, im August 1871 sogar bis auf 9 Fl. 17½. Diese Bedürfnisse der deutschen Heeresverwaltung erklären, wie in Frankreich mehr oder weniger freiwillig deutsches Geld in Zahlung genommen wurde, das dann später von den Empfängern mit grösster Bereitwilligkeit den öffentlichen Kassen zugeführt wurde.

Die Entschädigungszahlungen in französischem Metallgeld beliefen sich auf 512 294 933,85 Fr., womit nicht im Widerspruch steht, dass das deutsche Reich tatsächlich einen etwas grösseren Betrag als den eben genannten erhielt. Es befand sich nämlich darunter auch Geld aus Belgien, das durch die vom französischen Schatzamt ad hoc angeknüpften Geschäftsverbindungen gelegentlich der Aufbringung der Kapitalien angesammelt worden war. Diese Geldsendungen figurieren nicht in den obigen Ziffern, sondern sind in dem Zahlungs-Posten „belgische Werte" enthalten.

Die Summe von 512 Millionen Francs umfasst nur das von Frankreich an das deutsche Reich direkt übermittelte Münzgeld und figuriert auch in der französischen Ausfuhrstatistik. Wie schon erwähnt, entfallen

auf Goldgeld	273 003 058,10
auf Silbergeld	239 291 875,75

Es handelt sich um gemünztes Gold und Silber in 20, 10 und 5 Fr.-Stücken. Wenn die Gesamtsumme nicht durch 5 aufgeht, so rührt dies daher, dass in derselben der Wert der Verpackung mit in Ansatz gelangt ist. Derselbe ist mit 10 Centimes für den Geldbeutel, mit 1,65 Fr. für den Geldsack berechnet worden.

Von den 273 Millionen in Gold sind gemäss dem schon erwähnten Abkommen vom Mai 1873 150 000 000 durch die Bank von Frankreich geliefert worden, die restlichen 123 000 000 rühren aus Platzkäufen oder aus Eingängen der öffentlichen Kassen her.

Von den 239 Millionen in Silber sind 93 000 000 aus den Beständen der Bank von Hamburg in Hamburg entnommen worden, von den restlichen 146 000 000 sind etwa 40 000 000 durch Ankäufe von Talern am Platze beschafft worden, der Rest ist aus den Eingängen der öffentlichen Kassen für den hier fraglichen Bedarf des Schatzamts zurückgestellt worden. Durch die Operationen des letzteren sind also aus dem Verkehr höchstens 250 000 000 Fr. gezogen worden, und diese 250 000 000 Fr. rühren überdies noch zum Teil von Importen französischen Geldes her, welche von der deutschen Heeresverwaltung, wie erwähnt, zu Anfang des Krieges bewirkt worden waren. Der Frankreich widerfahrene Verlust eines Teils seines Münzenbestandes, der unstreitig über die obigen Ziffern hinausgeht, ist nur die unvermeidliche Folge anderer finanzieller beziehungsweise kommerzieller Operationen gewesen, von denen noch die Rede sein wird. Während die 250 000 000 Währungsmünze, welche die Bank von Frankreich und die Bank von Hamburg lieferten, erst in den letzten Zahlungen enthalten waren, machte sich der Abfluss der anderen 250 000 000, welcher durch die öffentlichen Kassen bewerkstelligt wurde, im Anfang der Transaktion im Geldverkehr am lebhaftesten fühlbar. Hierauf und auf einige anfänglich etwas zu überstürzt betriebene Wechselaufkäufe führt sich die im Oktober und November 1871 eingetretene Versteifung des Geldmarkts zurück. Wir haben schon des Interesses Erwähnung getan, das die französische Regierung zu einer bestimmten Zeit daran hatte, an das deutsche Reich Gold zur Herstellung des neuen Geldes des Reichs abzugeben. Die Aenderung des deutschen Währungssystems hat einen grossen Einfluss auf die Operationen des französischen Schatzamts ausgeübt. Es ist ja bekannt, dass das deutsche Reich in seinen verschiedenen Bundesstaaten verschiedene Münzsysteme hatte. Es existierte keine Doppelwährung, sondern Silberwährung. Es gab wohl eine — allerdings sehr beschränkte — Goldzirkulation, indessen der Kurswert dieses Goldes variierte. Zudem war noch Papiergeld, und zwar in erheblichem Umfange, im Umlauf, nämlich etwa im Betrage von 229 300 000 Fr., worüber die Tabelle auf Seite 64 ein anschauliches Bild gibt.

Die Absicht der deutschen Reichsregierung ging dahin, die Zirkulation des gesamten Reichs zu vereinheitlichen und die ganze Währungsgrundlage neuzugestalten; aber wenn schon dieser Plan von grösster Bedeutung war, — noch mehr vom politischen als vom ökonomischen Standpunkte —, so liess er sich doch nicht mit einem Schlage durchführen. Die Frage des Papiergeldumlaufs wurde erst in die zweite Linie gestellt und bis zum Jahre 1876 (?) vertagt. Dagegen ist die Frage des Metallgeldumlaufs zuerst in Angriff genommen worden und in 2 Etappen, 1871 und 1873, gelöst worden.

Man begann damit, dass man, unter Zugrundelegung der Reichsmark (= 1,25 Fr.) als Münzeinheit, die Goldwährung einführte und Gold in 10 und 20 Markstücken münzte. Das geschah durch das Gesetz vom 4. Dezember 1871; das zweite Gesetz vom 9. Juli 1873 ergänzte das erstere, indem es die alten Münzen ausser Kurs setzte und bestimmte, in

Bezeichnung des Staates	Ziffer des durch die Staatsbanken emittierten Papiergeldes in — Gulden	Taler	Bevölkerungsziffer
Preussen	—	18 250 000	24 643 415
Lauenburg	—	—	49 651
Bayern	20 999 988	11 999 993	4 861 402
Sachsen	—	12 000 000	2 556 244
Württemberg . . .	6 000 000	3 428 571	1 818 484
Baden	6 500 000	3 714 286	1 401 428
Hessen	4 300 000	2 457 142	852 843
Mecklenburg-Schwerin	—	1 000 000	557 897
Sachsen-Weimar . .	—	600 000	286 183
Mecklenburg-Strelitz .	—	800 000	96 982
Oldenburg	—	2 000 000	314 778
Braunschweig . . .	—	1 000 000	311 715
Sachsen-Meiningen .	—	600 000	187 884
Sachsen-Altenburg .	—	485 600	142 122
Sachsen-Coburg-Gotha	—	600 000	174 339
Anhalt	—	950 000	203 354
Schwarzburg-Sonderhausen	—	150 000	67 191
Schwarzburg-Rudolstadt	—	200 000	75 523
Waldeck	—	210 000	56 218
Reuss ältere Linie .	—	130 000	45 094
Reuss jüngere Linie .	-	320 000	89 032
Schaumburg-Lippe . .		251 000	32 051
Lippe		—	111 153
Lübeck	—	—	52 158
Bremen	—	—	122 565
Hamburg	—	—	338 974
Insgesamt . .	37 799 988	61 146 592	37 448 680

welcher Weise die Reichsmünzen in Gold an ihre Stelle treten sollten. Es wurde eine einheitliche Goldwährung eingeführt, während Silber nur noch als Scheidemünze in Betracht kommen sollte, denn Artikel 9 des Gesetzes vom 9. Juli 1873 bestimmt ausdrücklich, dass niemand mehr verpflichtet sein sollte, mehr als 20 M. Silber in Zahlung zu nehmen.

Das Reich liess die neue Goldmünze in allen Prägestätten Deutschlands herstellen und machte zu diesem Zwecke

Käufe von Goldvorräten. Erst nach Herstellung von 750 000 000 Fr. sollten die alten Münzen zurückgezogen und die neuen in Umlauf gesetzt werden. Dadurch wurden während ziemlich langer Zeit erhebliche Goldmengen festgelegt. Zur Gewinnung des hierzu nötigen Goldes hatte die deutsche Reichsregierung das von Frankreich gelieferte Gold zur Verfügung, das Gold, welches sie durch die Einlösung der ihr von Frankreich übermittelten, auf Pfundwährung lautenden Wechsel aus England beziehen konnte, und ferner alle Goldvorräte, welche der Handel in Deutschland liefern konnte. Nachstehend geben wir ein Bild der verschiedenen Quellen, aus denen die deutschen Prägestätten geschöpft hahen:

Bestand der von der deutschen Reichsregierung bis zum 15. April 1873 zur Prägung verwandten Goldvorräte:

712 116½ Preussische Friedrichsd'or
233 624½ in Deutschland geprägte Kronen
9 394½ in Oesterreich geprägte Kronen
$7\frac{844}{1000}$ Pfund in russischen Dukaten
$55\frac{810}{1000}$ Pfund in türkischen Goldmünzen
$85\,774\frac{9241}{10000}$ Pfund in russischen Kaiserkronen
$2\,575\frac{6211}{10000}$ Pfund in amerikanischen Dollars
$11\,374\frac{3562}{10000}$ Pfund in spanischen Isabellen
$2\,351\frac{8522}{10000}$ Pfund in englischen Sovereigns
1 915 878½ Stücke englische Sovereigns
$43\,484\frac{6193}{10000}$ Pfund in Goldbarren
$4\,237\,794\frac{997}{1000}$ engl. Unzen in Goldbarren
$193\,194\frac{275}{1000}$ — in amerikanischen Dollars
518 590 410 Fr. in französischen Goldstücken
$166\,634\frac{7062}{10000}$ Pfund in 20 Fr.-Stücken = 287 000 000 Fr.
$4\,177\,768\frac{150}{1000}$ engl. Unzen in 20 Fr.-Stücken = 42 000 000 Fr.

Die deutsche Reichsregierung hat mithin 847 000 000 Fr. französische Goldstücke eingeprägt, wovon

273 000 000 durch die französische Regierung geliefert,
245 000 000 in Deutschland in Stücken gekauft,
287 000 000 in Deutschland nach Feingehalt gekauft,
42 000 000 in England nach Feingehalt gekauft sind.

Die Menge des in Deutschland in Umlauf gewesenen alten Münzgelds ist, wie in allen Ländern, sehr schwer schätzbar.

Unter den früheren Münzsystemen scheinen nach und nach an Münzen in Gold, Silber und Scheidemünze etwa 780 Millionen Taler in Umlauf gebracht worden zu sein, nämlich 177 000 000 in Gold und 603 000 000 in Silber, das entspricht etwa 2 925 000 000 Fr., 665 000 000 in Gold und 2 260 000 000 Fr. in Silber. Aber man nimmt allgemein an, dass die Friedrichdórs nur noch in verhältnismässig geringen Mengen in Umlauf waren, sodass also die wirkliche Zirkulation beinahe durchgehends Silberzirkulation war, nämlich in Höhe von 2 260 000 000 Fr., wovon man indessen noch diejenigen Silberstücke in Abzug zu bringen hätte, die aufgebraucht, oder zu Exportzwecken eingeschmolzen worden sind. Man schätzt demgemäss im allgemeinen, dass etwa 1/4 in Abzug zu kommen hätte, sodass der zurzeit der Münzreform vorhandene Umlauf von Silberstücken sich auf ungefähr 1 700 000 000 Fr. belaufen würde, wozu etwa noch 100 000 000 Fr. österreichisches Silbergeld zu zählen ist, das gleichfalls in den deutschen Bundesstaaten in Gebrauch war. Die deutsche Metallwährung war demnach vor der Münzreform beinahe völlig Silberwährung und absorbierte etwa den Wert von 1 800 000 000 Fr.; rechnet man die Papierwährung etwa in Höhe von 229 000 000 Fr. hinzu, so ergibt dies rund 2 000 000 000 Fr. bei einer Bevölkerungsziffer von 39 500 000.

Das durch das französische Schatzamt gezahlte Silbergeld konnte von der deutschen Regierung nicht in gleicher Weise wie Gold ausgenützt werden, aber nach dem Frankfurter Vertrag musste es gleichwohl mit in Zahlung genommen werden.

Der Uebergang Deutschlands zur Goldwährung hatte eine Ueberflutung Frankreichs mit Silber zur Folge, und die französische Regierung benutzte diesen Umstand naturgemäss dazu, um aus dem deutschen Silber 5 Fr. - Stücke zu prägen, die man mit zu den Zahlungen verwerten konnte. Von den 239 000 000 Fr. in Silber, die an Deutschland gezahlt wurden, sind 92 000 000 Fr. in 5 Fr.-Stücken aus deutschem Silbermetall geprägt worden.

Um sich über diesen Vorgang klar zu werden, muss man die Liquidation der Bank von Hamburg ins Auge fassen. Eine der am wenigstens erwarteten Folgen des Krieges von 1870 ist sicherlich die Liquidation dieser alten Bank von Hamburg gewesen, deren Gründung bis ins Jahr 1619 zurückreicht. Sie war auf der gleichen Grundlage wie die Banken von Venedig und Amsterdam eingerichtet worden; Gegenstand ihres Unternehmens war die Annahme von Depositengeldern und die Sicherung der Festigkeit der Währung. Ein kleiner Staat, der beinahe mit der ganzen Welt in Handelsverkehr stand und alle möglichen ausländischen Münzsorten als Zahlung annahm, musste für die verschiedenen — dazumal durchgängig auf Silber beruhenden — Währungen eine Art Generalnenner abgeben, was ihn gleichzeitig gegen die Münzverschlechterungen der Einzelstaaten schützte. Die Bank von Hamburg wurde begründet, um Depôts von Feinsilber oder ausländischem auf Feinsilber zurückgeführtem Silber aufzunehmen und über diese Depôts lautende Rechnungen zu eröffnen. Man rechnete postenweise ab und diese Posten wurden in einer Währungsmünze gerechnet, die man jeweils durch Verbesserungen oder Abzüge rektifizierte, die aber von Ende 1763 an keine tatsächliche Existenz mehr hatte, und nur noch eine Art Idealwährung unter dem Namen Mark-Banko vorstellte. Die Mark-Banko gab demjenigen, der eine bezügliche Forderung zu seinen Gunsten hatte, das Recht, über ein bestimmtes Quantum Feinsilber zu verfügen; man machte indessen hiervon nicht bloss für interne Geschäfte Gebrauch, es wurde sehr bald für alle geschäftliche Beziehungen üblich. Die Geschäftsbeziehungen der Kaufleute zu einander und zum Ausland, ja auch solche, die ausserhalb der Bank Erledigung fanden, erhielten ihre Regelung in dieser Rechnungsmünze, in „ungeprägter Münze", bis zum 15. Februar 1873.

Nach Errichtung des neuen deutschen Reichs wurden zur Weihe seiner Einheit die zur Schaffung einer Reichsgoldwährung erforderlichen Massnahmen getroffen. Die Hamburger Mark-Banko vertrug sich mit dem System aus zwei Gesichtspunkten nicht; einmal weil sie eine partikularistische Münze war und alle partikularistischen Währungen der Reichswährung weichen mussten, und dann weil sie auf der Silberwährung basierte, während die Reichswährung Goldwährung war. Ein Gesetz beseitigte also die Mark-Banko und ersetzte sie durch die Reichsmark. Die Mark-Banko war = $^1/_2$ preussischer Taler oder 1,87 $^1/_2$ Fr. französischen Geldes, während die neue Reichsmark in französischem Gelde = 1,25 Fr. beträgt.

Es wurde demnächst beschlossen, dass die Bank von Hamburg unter Rückleistung der Depôts von Feinsilber in Liquidation treten sollte und dass die Mark-Banko mit dem 15. Februar 1873 ausser Gebrauch kommen sollte. Wer nach dem 15. Februar noch eine Gutschrift in Mark-Banko hatte, hatte kein Recht auf Empfang von Feinsilber mehr, wie es die Mark-Banko-Rechnung früher mit sich brachte, sondern war einfach Gläubiger für je $^1/_2$ Taler. Nun hatte — worauf wir noch zu sprechen kommen werden — das französische Schatzamt eine grosse Anzahl von auf Mark-Banko lautenden Wechseln angekauft; es hatte mithin für alle diejenigen Wechsel, die vor dem 15. Februar 1873 fällig waren, ein Recht auf Feinsilber, für die übrigen nur auf Taler.

Die Mark-Banko konnte im Unterschied zum Taler bei der Zahlung der Kriegsentschädigung zwar nicht als direktes Zahlungsmittel in Betracht kommen, aber das Silber, das man auf in Mark-Banko lautende Forderungen erhielt, wenn man die Lieferung von Silber verlangte, konnte, nachdem es in 5 Fr.-Stücken ausgemünzt war, der deutschen Regierung zum Kurse von 3,75 Fr. = 1 Taler überwiesen werden.

Die französische Regierung konnte ihre auf Mark-Banko lautenden Wechsel nach ihrer Wahl in Silber — das bezieht sich auf die Zeit vor dem 15. Februar 1873 — oder in Talern einlösen. Das war für sie ein Weg, den Kurs herabzudrücken, wenn sie davon Gebrauch machte; und dies tat sie denn auch. Die Mark-Banko-Rechnung für $59^1/_3$ Mark-Banko gab Anspruch auf 500 g Silber fein; und 500 g Silber fein ergaben — die Transportspesen von Hamburg nach Paris eingerechnet — $110{,}27^1/_2$ Fr. Je nach dem Kurs verkaufte das Schatzamt die auf Mark-Banko lautenden Wechsel oder bezog Silber. Die Hamburger Bankiers wären ausser Stande gewesen, die in den umlaufenden Wechseln verbrieften Silbermengen zu liefern, und befanden sich demzufolge eine Zeit lang in grossen Verlegenheiten. Das französische Schatzamt hatte ihr Schicksal in seiner Hand. Es ging indessen mit Mässigung vor, indem es nur gerade soviel Silber bezog, als es zur Behauptung der Kurse und zur Erlangung billiger Bedingungen für die Umwandlung in Taler bedurfte.

Aber auch der Handel war zu der gleichen Spekulation wie das französische Schatzamt imstande und bezog denn auch seinerseits Feinsilber aus Hamburg.

Auf diese Weise hatte das französische Schatzamt 92792445 Fr. in Feinsilber zur Verfügung, wovon 35643729 Fr. direkt von Hamburg bezogen wurden, während 57148716 Fr.

aus Käufen von Privaten herrührten, die das Silber auf eigenes Risiko und eigene Kosten bezogen.

3. Unter den bei der Zahlung der Kriegsentschädigung in Betracht kommenden Wechseln in Höhe von insgesamt	4 248 326 374,26 Fr.
waren deutsche Werte, welche unmittelbar zur Zahlung verwandt werden konnten, in Höhe von	2 799 514 183,72 „
nichtdeutsche Werte (aber einschliesslich derjenigen in Mark-Banko) im Betrage von	1 448 812 190,54 „

Die deutschen Effekten machten 23% der zwei ersten Milliarden aus und 88% der letzten drei Milliarden. Die nicht deutschen Effekten wurden, wie schon erwähnt, von der deutschen Regierung auf Kosten der französischen Regierung in deutsches Geld umgesetzt. Die ersten Abrechnungen, welche Frankreich darüber erhielt, zeigten dem französischen Schatzamt indess, dass es seine Interessen selbst besser wahren würde als das deutsche Schatzamt und bestimmten es, die Umwandlung der auf England, Belgien oder Holland lautenden Effekten in deutsche Valuta tunlichst selbst in die Hand zu nehmen. Aus diesem Grunde figurierten in den drei letzten Milliarden, wie wir soeben sahen, so unverhältnismässig viel mehr deutsche Werte, als in den beiden ersten Milliarden. Diese deutschen Effekten kaufte die französische Regierung entweder direkt gegen Bezahlung in Francs auf oder indirekt gegen Bezahlung in ausländischen Werten. Wir hatten schon angegeben, dass Deutschland für Diskontierungs- und Umsatzkosten einen Betrag von 13 772 566,29 Fr. erhielt, nämlich für die beiden ersten Milliarden 11 360 248,89 Fr. für die drei letzten Milliarden 277 637,13 Fr. Frankreich hat tatsächlich soviel Geld als möglich ans Ausland abgegeben, indem es alle Wechsel nahm, die es irgend aufkaufen konnte, sei es auf welches Land immer, und hat dann das ganze Material zur Zahlung an das deutsche Reich verwandt.

Die Wechselankäufe der französischen Regierung übersteigen laut der nachstehenden Aufstellung die an das deutsche Reich in ausländischen Wechseln bezahlte Summe von 4248 Millionen um mehr als eine Milliarde, und zwar darum, weil die nämlichen Geldbeträge oft zweimal figurieren, einmal als Pfund Sterling, belgische Francs, Mark-Banko und das andere Mal als preussische Taler, Frankfurter Gulden oder Reichsmark.

In der untenfolgenden Tabelle der Wechselankäufe sind auch die Papiere enthalten, welche die Londoner Finanzagentur zur Bezahlung von Anleihekoupons verwendete, die Mark-Bankowechsel, welche zu Bezügen von Silber Veranlassung gaben, sowie die Papiere, deren Beträge für Kosten und Provisionen verwendet wurden. Die Uebersicht schliesst mit einem Gesamtbetrage von 5 862 897 290 Fr., welcher sieben verschiedene Währungsarten umfasst.

Taler	690 907 104	beschafft zum durchschnittlichen Kurse von	3,7910	2 619 228 831 Fr.
Pfund Sterling .	60 583 453		25,4943	1 544 532 725 „
Mark-Banko . .	280 707 013		1,0089	535 841 617 „
Belgische Francs	518 209 291		1,0061	521 370 367 „
Holländische Gulden	150 549 519		2,1509	323 816 960 „
Frankfurter Gulden	110 341 200		2,1637	238 745 254 „
Reichsmark . .	63 275 492		1,2528	79 271 536 „
			Summa	5 862 807 290 Fr.

Von den von der französischen Regierung angekauften 60 Millionen Pfund Sterling sind 31 687 315 in deutsche Werte umgesetzt worden, von den 280 Millionen Mark-Banko 120 194 296, von den 518 Millionen belgischen Franss 210 966 580, von den 150 Millionen holländischen Gulden 33 361 898.

Von den 690 907 104 Talern sind andererseits nur 415 205 378 direkt erworben, zu dem Rest gelangte man durch Umtausch der soeben aufgeführten Werte, nämlich man erhielt

Taler			
12 704 151	durch Umtausch von	22 621 312	holl. Gulden
43 022 026	„ „ „	161 383 961	belg. Francs
58 077 232	„ „ „	116 136 790	Mark-Banko
161 898 317	„ „ „	24 000 985	Pfund Sterling.

Die Frankfurter Gulden wurden beschafft:

in Höhe v.	76254063	direkt		
„ „ „	2127706	durch Umtausch v.	2167309	holl. Gulden
„ „ „	1868156	„ „ „	4010699	belg. Francs
„ „ „	173033	„ „ „	200000	Mark-Banko
„ „ „	29918242	„ „ „	2528544	Pfund Sterling

Die Mark-Banko, welche anfänglich ohne Abzug vom deutschen Reich angenommen wurden und welche infolge der gesetzlichen Ausserkurssetzung dieser Rechnungsmünze, ihrer unmittelbar schuldtilgenden Kraft entkleidet wurden, haben zu verschiedenartigen Umwechselungen Veranlassung gegeben; ein Teilbetrag wurde in deutsche Werte umgesetzt, während ein anderer Teilbetrag sich erst aus der Umwechslung englischer, belgischer und holländischer Werte ergeben hatte.

Von den 280 707 013 Mark-Banko, welche in das Portefeuille des Schatzamts gelangten, stammten

207 566 408	aus direkten Ankäufen			
9 483 638	„ dem Umtausch von	8 463 621	holl. Gulden	
24 321 351	„ „ „ „	45 571 919	Mark-Banko	
39 335 616	„ „ „ „	2 894 698	Pfund Sterling	

Endlich waren von den 63 275 492 Reichsmark

15 266 175	aus direkten Ankäufen		
185 329	„ dem Umtausch von	109 654	holl. Gulden
5 788 672	„ „ „ „	3 857 506	Mark-Banko
42 035 316	„ „ „ „	2 061 345	Pfund Sterling

hervorgegangen.

Wenn wir als typisch den Londoner Wechsel betrachten, so können wir als den Durchschnittskurs, zu dem Ankäufe erfolgten, den von 25 Fr. 4943 nehmen. In der Zeit vom Juni 1871 bis September 1873 betrug der niedrigste Kurs (Juni 1871) 25,2114 und der höchste Kurs (Oktober 1871) 26,1834. Im Jahre 1872 stand einem niedrigsten Kurs von 25,2614 (April) ein höchster Kurs von 25,6812 (November) gegenüber. Von Januar bis September 1873 betrug der niedrigste Kurs 25,33 (März) und der höchste Kurs 25,5712 (Juni).

Wenn sich beim Beginn dieser Operation eine starke Hausse einstellte, welche den Kurs des Pfund Sterling mehr als zwei Monate lang auf der Höhe von ungefähr 26 Fr. erhielt, so geschah dies unter dem Einfluss etwas überstürzter Einkäufe, welche überdies zu einem Zeitpunkte vorgenommen wurden, wo die öffentlichen Kassen, um der in Strassburg zu bewirkenden Zahlungen willen, selbst das Metallgeld knapp gemacht hatten.

Der Wechsel ist ein Spekulationsobjekt, und die meisten Bankiers, welche dem Schatzamt Wechsel zur Verfügung stellten, verkauften ihre eigenen Wechsel, indem sie sich Deckung durch anderweitige Einkäufe vorbehielten. Die Preisbildung vollzog sich nicht gleich von Anbeginn auf angemessener Basis, vielmehr machte sich ursprünglich eine Eilfertigkeit bemerkbar, die preiserhöhend wirkte. Andererseits sahen sich die Wechselverkäufer genötigt, sich, soweit sie sich nicht bereits im Besitze von Wechseln auf das Ausland befanden, unter Zuhilfenahme irgend welcher Auslandsgeschäfte einzudecken: einer der für den Export geeignetsten Artikel ist aber von jeher und unter allen Umständen das bare Geld gewesen. Aus diesem Grunde kauften sie französisches Geld.

Wenn nun das Schatzamt selbst das bare Geld gerade in dem Augenblicke knapp machte, wo die Wechselverkäufer seiner bedurften, so lag hierin eine Konkurrenz, welche den

Preis des Goldes und Silbers und zugleich hiermit auch den der Devisen in die Höhe treiben musste.

Nachdem diese kleine Erschütterung überwunden war, trat in den Geschäften eine gewisse Ordnung ein; und von Ende 1872 bis zum September 1873 hat sich der Wechselkurs in mässigen Grenzen gehalten. Der Vertrag des Fiskus mit dem Konsortium der grossen europäischen Banken über Lieferung von 700 Mill. Francs in Wechseln, auf den wir noch zurückkommen werden, bildete den Ausgangspunkt und gleichsam den Regulator der Operationen der Jahre 1872 und 1873 und ermöglichte es dem Staatsschatz, seine Ankäufe unter geradezu glänzenden Bedingungen zu Ende zu führen.

Im fünften Teil dieses Berichts werden wir die Art und Weise der von den Bankiers, Kaufleuten und Industriellen bewerkstelligten Operationen näher betrachten, welche auf den Pariser Markt die gewaltige Menge von Wechseln brachte, deren Vorhandensein die hier in Rede stehenden Transaktionen ausführbar machte; an dieser Stelle wollen wir unser Augenmerk lediglich auf die Massregeln richten, welche das französische Schatzamt traf, um einen Bestand von Devisen in seinem Besitze zu vereinigen, der nicht weniger als 120000 verschiedene Papiere enthielt, und sich auf mehr als fünf Milliarden belief, wenn man alle bei ihm eingegangenen Wechsel mit in Rechnung zieht.

Vier Massregeln sind es, welche hier in Betracht kommen:

Die ersten beiden bestanden darin, dass man einerseits die Zeichnung französischer Anleihen im Auslande, bezw., was auf dasselbe hinausläuft, die Bezahlung in Frankreich gezeichneter Beträge in ausländischen Werten und andererseits Anticipationen von im Auslande oder in Frankreich mittels ausländischer Werte zu bewirkenden Zahlungen erleichterte und begünstigte.

Bei der dritten Massregel handelte es sich um die Verbindung einer Wechseloperation mit der von den Bankhäusern für die Zeichnung der Drei-Milliarden-Anleihe übernommenen Garantie.

Die vierte endlich bestand im unmittelbaren Ankauf auf der Börse.

Die Zeichnung der ersten Anleihe brachte 213 Millionen Francs und die der zweiten 389 Millionen Francs in fremden Wechseln ein.

Die ferner folgenden Zahlungen führten der ersten Anleihe 186 Millionen und der zweiten 185 Millionen in Wechseln zu, sodass, durch diese beiden Massnahmen, insgesamt

1773000000 Fr. in fremden Werten in die Staatskasse geflossen sind.

Ein Ministerialerlass vom 25. Juni 1871 hatte gelegentlich der Zeichnung der ersten Anleihe angeordnet, dass ein Pfund Sterling zum Kurse von 25,30 Fr., ein Taler zum Kurse von 3,75 Fr. angenommen werden, dass der Frankfurter Gulden als 4/7 Taler, die Mark-Banko als halber Taler und Wechsel auf Belgien zum Nennwert zu berechnen seien.

In der nämlichen Richtung bewegte sich ein anderer Erlass vom 27. Juli 1872; als die zweite Anleihe zur Zeichnung aufgelegt wurde, setzte er für die Zahlungen der Zeichner in ausländischen Wechseln folgende Kurse fest:

Pfund Sterling	25,43
Taler	3,76
Frankfurter Gulden	2,14 7/8
Mark-Banko	1,87 7/8
Belgischer Franc	pari.

Zu erwähnen ist endlich ein Erlass vom 24. Juni 1871, welcher eine Finanz-Agentur in London schuf, dieselbe diente als Kommissionärin des Schatzamts, beschaffte sich durch Zeichnungen und Zahlungen eine grosse Anzahl von Wechseln und hat bei der gesamten Transaktion die vortrefflichsten Dienste geleistet.

Für die erste Zeichnung bewilligte das Schatzamt seinen ausländischen Kommissionaren 1/4 und 1/2 pCt. Provision. Für die ferneren Einzahlungen hat es ebenfalls Provisionen bewilligt, anfänglich in Höhe von 1 pCt., später nur in Höhe von 1/2 und 1/4 pCt.

Die Zahlung durch Wechsel hatte während der Jahre 1872 und 1873 gleichzeitig zur Folge und zur Ursache eine Reihe von Arbitragegeschäften, die das Schatzamt durch die erwähnten Provisionen begünstigte und deren Wirksamkeit es somit auch ganz nach Gutdünken zu regulieren vermochte.

An der Pariser Börse wurde die Staatsanleihe auf zweierlei Art und Weise gehandelt: man konnte entweder Anleihe-Papiere kaufen, auf welche bloss die fälligen Einzahlungen geleistet oder solche, auf welche auch die künftig fällig werdenden Raten im Voraus entrichtet waren. Zwischen den beiden Kursen der hiernach in Betracht kommenden Anleihe-Papiere bestand naturgemäss ein Unterschied, welcher sich fast in gleicher Höhe wie der jeweilige Diskont hielt.

Wenn man nämlich beispielsweise am 15. Juni 1873 ein Certifikat über 5 Fr. Rente gekauft hatte, so mussten auf diese Rente die ersten zehn Raten entrichtet und während der folgenden zehn Monate weitere periodische monatliche Zahlungen bewirkt werden. Man konnte jedoch die erst künftig fälligen Raten auf der Stelle bezahlen, und wenn man von dieser Möglichkeit Gebrauch machte, erhielt man eine Diskontvergütung von 0,94 Fr. Die nicht vollbezahlte Rente stand deshalb am 15. Juni 1873 an der Börse um 0,94 Fr. höher als die vollbezahlte, da man ja nur nötig hatte, sich nach dem Schatzamt zu begeben, um die Differenz qua Vergütung einzukassieren.

Kaufte jemand nicht vollbezahlte Rente und verkaufte er, indem er beide Operationen mit einander verband, vollbezahlte mit einem der Diskontvergütung entsprechenden Preisabzug, so konnte er ohne Verlust glatt werden, wenn er seinem Käufer die nicht vollbezahlte Rente nach Bewirkung der fehlenden Einzahlungen lieferte, und konnte sogar dabei verdienen, wenn er als Provision eine die normale Höhe des Diskonts übersteigende Vergütung erlangte.

Dieser Verdienst wurde nun tatsächlich den Personen zugewandt, welche ihre Einzahlung mittels fremder Wechsel vollzogen.

Die hier in Rede stehende Art der Arbitrage konnte allerdings Unzuträglichkeiten nach sich ziehen, denn sie entzog dem Markt eine Wertgattung, welche einen geringeren Kapitalaufwand beanspruchte, und führte ihm eine andere zu, welche einen grösseren Aufwand nötig machte. Eine weitere Unzuträglichkeit bestand darin, dass die Rentenpapiere, welche sonst in festen Händen untergebracht wurden und ihren Zeichnern und Käufern regelmässige monatliche Leistungen auferlegten, der Spekulation sozusagen überantwortet wurden.

Kann man somit auch die Erleichterung dieser Art Arbitrage als ein Wagnis bezeichnen, so gab es andererseits bei der Durchführung dieser beiden grossen Anleihen überhaupt kein Wagnis, das nicht dank der Energie, mit welcher das Kapital sich auf die Rente warf, geglückt wäre.

Unaufhörlich wurde die Zahl der zur Spekulation benutzten Rentenpapiere durch Kassakäufe vermindert, sodass man Anfang 1874 mit Recht sagen konnte, die 5 Milliarden seien durch die Ersparnisse des Landes bereits so gut wie eingebracht worden.

Bekanntlich übernehmen die Hauptsteuereinnehmer die Beschaffung von Rententiteln per Kassa für die Eingesessenen ihres Departements. Es handelt sich hierbei nur um einen Teil der an den Börsen vollzogenen Kassakäufe, weil erstens

Paris an Käufen dieser Art nicht beteiligt ist und zweitens erheblichere Aufträge auch von den Kapitalisten der Provinz unmittelbar an die Börsenmakler gerichtet werden.

Obgleich diese Ankäufe also nur einen Teil der per Kassa gekauften Rententitel ausmachten, haben dieselben doch in der Zeit vom 1. Juli 1871 bis 1. Januar 1874 ausgemacht:

auf 3prozentige Rente . . .	21 534 084	Fr.
„ $4\frac{1}{2}$ „ „ . . .	973 694	„
„ 5 „ „ . . .	41 116 920	„
Morgan-Anleihe 6%	143 040	„
Summa	63 767 738	Fr.

was einem Kapital von etwa 1 275 000 000 Fr. entspricht.

Wir erwähnten weiter oben eine mit einem Konsortium von Bankiers getroffene Vereinbarung über Lieferung von 700 Mill. Fr. in ausländischen Wechseln.

Dieser Vertrag wurde gleichzeitig mit der Emission der Dreimilliardenanleihe geschlossen, nämlich im Juli 1872.

Die Resultate der ersten Anleihe waren sehr befriedigend gewesen. Eine Anzahl Bankhäuser hatte für sie Garantie übernommen. Die Zeichnungen beliefen sich auf über 200% und die Zeichner mussten sich mit Zuteilung von 45% auf ihre Zeichnungen begnügen.

Der Erfolg der ersten Anleihe liess einen gleichen für die zweite erwarten; immerhin war es fraglich, ob nicht die Mittel der Kapitalisten zur Zeit erschöpft waren und ob es ebenso leicht gelingen würde, jetzt 3 Milliarden zu bekommen, nachdem man im Vorjahr 2 Milliarden erlangt hatte.

Andererseits hatte die Spekulation an der Zeichnung der ersten Anleihe bedeutenden Anteil gehabt; die Rententitel waren in den Händen von Bankiers, welche dieselben nicht dauernd erwarben, sondern in ihnen für ihr Geld nur eine vorübergehende Anlage suchten. Demnach konnte man sich der Befürchtung hingeben, dass die Spekulation, welche unter derartigen Umständen so wertvolle Dienste leistet, zum Teil ebenso erschöpft sein würde, wie das Anlagebedürfnis der Sparer.

Gleichwohl hatte man, da den Banken die von ihnen übernommene Garantie augenscheinlich einen bedeutenden Provisionsgewinn ohne grosses Risiko einbringen musste, die überaus glückliche Idee, sich von dem Garantiekonsortium die Lieferung von 700 Mill. Fr. in ausländischen Wechseln zu im Voraus fixierten Bedingungen zusichern zu lassen.

Auf diese Weise erreichte man es, dass die grossen Bankhäuser nicht allein an der Zeichnung der Anleihe, sondern auch daran interessiert waren, dass sich der Wechselkurs in vernünftigen Grenzen hielt, da ja die Bankfirmen selbst an Stelle des Schatzamts die Gefahr einer Hausse in Wechseln liefen, wenigstens soweit sie in Höhe von 700 Mill. Fr. von ihnen zu liefern waren.

Man kann wohl sagen, dass an dieser Operation alle grossen Bankhäuser Europas Anteil gehabt haben, und um Grösse und Umfang dieser Transaktion anschaulich zu machen, genügt es, zu erwähnen, dass die Zahl der Bankhäuser, welche den Vertrag unterzeichnet haben oder ihm beigetreten sind, sich auf 55 belief, und dass viele von ihnen ihrerseits als Vertreter weiterer Bankierkonsortien auftraten, ein Umstand, der die Zahl der Interessenten noch viel beträchtlicher erscheinen lässt.[1])

Dieser Vertrag war anscheinend von bedeutendem Einfluss auf die gesamte Operation und darauf, dass der Wechselkurs sich in mässigen Grenzen hielt.

Durch erste Zeichnungen und spätere Einzahlungen wurden Wechsel erworben

in Höhe von	1 773 000 000 Fr.
Auf Grund des Vertrages vom Juli 1872	700 000 000 „
Zusammen	2 473 000 000 Fr.

Der Rest von 1775000000 Fr. ist allmählich an der Börse angekauft worden, nämlich 1078000000 Fr. für die ersten zwei Milliarden und 697 Millionen für die letzten drei Milliarden. In diesen Zahlen sind weder die Ankäufe enthalten, welche vorgenommen wurden, um den Umtausch von Wechseln einer Währung in solche einer anderen zu vermitteln, noch auch die Wechsel, welche, wie die auf Hamburg, wiederum in bares Geld umgesetzt werden mussten.

Die erste Operation, welche sich vom 1. Juli 1871 bis zum 6. März 1872 ausdehnte, ergab 1477000000 Fr. Hiervon entfielen auf erste Zeichnungen 213 Millionen, auf spätere Einzahlungen 186 Millionen und auf direkte Einkäufe 1078000000 Fr.

Die zweite Operation, welche von August 1872 bis August 1873 dauerte, ergab 2771000000 Fr. Hiervon liefer-

[1]) Durch die vereinigten Anstrengungen aller Bankhäuser Europas sind hier unerhofft grosse Resultate erzielt worden. Eine Zeit lang mussten alle anderen Geschäfte ruhen, und die Kapitalien aller Privatbanken und ihrer Kunden trugen gemeinsam dazu bei, die erfolgreiche Unterbringung der französischen Anleihen und die Ueberführung der Gelder ins Ausland zu ermöglichen; eine in der Wirtschaftsgeschichte Europas noch nicht dagewesene Erscheinung, der man eine besondere Bedeutung beimessen muss.

ten die ersten Zeichnungen 389, spätere Einzahlungen 985, der Vertrag mit den Bankhäusern 700 und die direkten Einkäufe 697.

Ueberblicken wir die graphische Darstellung der Kursbewegung des Londoner Wechsels in der Zeit vom Juli 1871 bis September 1873, so bemerken wir einen Tiefstand der Preiskurve während des Augenblicks der Ruhe, welcher nach Beendigung der ersten und vor Beginn der zweiten Operation, nämlich in der Zeit zwischen März und Juli 1872 eingetreten war.

Ebenso kann man auf den ersten Blick sehen, dass die Preiskurve sich während der zweiten Operation in viel niedrigeren Regionen hielt und viel weniger starke Schwankungen zeigte, als während der ersten.

Zu diesem günstigen Ergebnis haben der Siebenhundertmillionenvertrag und die Massregel, durch welche das Schatzamt die Arbitrage zwischen volleingezahlten und nicht volleingezahlten Rententiteln bald erleichterte und bald hemmte, erheblich beigetragen.

Um diese graphische Darstellung zu vervollständigen, geben wir im folgenden eine Uebersicht über den Preis des Barrengoldes in derselben Periode.

Preis des Barrengoldes an der Pariser Börse nach dem amtlichen Kurszettel:

1871.		1872.	
1. Juli	2—3 %	10. Mai	3 %
8. August . . .	3—4 „	10. Juni	7—8 „
2. Oktober . .	14 „	31. Juli	12—15 „
9. „ . .	16—17 „	10. September .	14 „
12. „ . .	20—22 „	20. September .	12—14 „
16. „ . .	24—25 „	20. Oktober . . .	14—16 „
24. „ . .	20—22 „	31. „ . . .	15—17 „
22. November .	17—20 „	11. November . .	13—15 „
30. „ .	14—16 „	31. Dezember . .	11—12 „
1872.		**1873.**	
31. Januar . . .	13—14 %	10. Januar . . .	12—13 %
10. Februar . . .	11—12 „	10. Februar . . .	11—12 „
28. „ . . .	7—8 „	20. „ . . .	9—12 „
9. März	5—7 „	30. Juni	11—12 „
20. „	4—5 „	10. September .	9 „

Bargelddepôts im Auslande.

Wir müssen in der Folge noch von einer Reihe von Operationen sprechen, welche auf Frankreichs Wirtschaftslage und auf die Festigkeit des französischen Marktes von erheblichstem Einfluss gewesen ist, nämlich von der Heranziehung der Depôts des französischen Schatzamts bei ihren ausländischen Bankverbindungen.

Wie wir sahen, durften auf Grund der Friedensbedingungen die Zahlungen an Deutschland nicht in laufender Rechnung erfolgen, sie mussten zuvor angekündigt werden und mussten ein Minimum einhalten, das zeitweise auf 100 Mill. Fr. pro Monat normiert war. Während des letzten Teils der Operation hatten die Zahlungen allmonatlich zu erfolgen und mussten sich auf je 250 Mill. Fr. im Monat belaufen.

Das Portefeuille des Schatzamts enthielt indessen Papiere, welche täglich fällig wurden; man konnte dieselben, wenn ein Zahlungstermin vor ihrer Fälligkeit erschien, nach Deutschland begeben: dies war indes nicht immer der Fall.

So musste man die Einziehung im Auslande und nach erfolgter Einziehung die Deponierung der eingezogenen Beträge systematisch organisieren.

Wurden noch nicht fällige Papiere an das deutsche Reich begeben, so geschah dies durch ein vom Finanzminister unterzeichnetes Indossament an die Order der deutschen Regierung; trat ein neuer Minister in Tätigkeit oder wurde ein Minister zeitweise durch einen Stellvertreter vertreten, so mussten den Begleitschreiben die amtlichen zur Legitimation des Unterzeichnenden dienenden Urkunden beigefügt werden, da das deutsche Reichskanzleramt es mit Formalitäten stets sehr genau nahm. Wurden die Papiere dagegen an die Bankverbindungen des Schatzamts begeben, so vollzogen dessen Agenten die Indossamente.

Bei Begebung noch nicht fälliger Papiere an das deutsche Reich fand ein Zinsabzug statt; die Papiere, welche, ehe sie zur Zahlung verwendet werden konnten, fällig wurden, wurden zum Inkasso an die Bankverbindungen des Schatzamts in London, Brüssel, Amsterdam, Berlin, Frankfurt und Hamburg gesendet. Die aus diesen Inkassis herrührenden Kapitalien blieben bei diesen Bankhäusern zur Verfügung der französischen Regierung, welche von ihnen Zinsen bezog bis zu dem Tage, an welchem sie abgehoben wurden, um an das deutsche Reich zur Zahlung zu gelangen.

Mit Hilfe dieses, durch den Zwang der Verhältnisse gebotenen Vorgehens erreichte man, dass die zu Zahlungen an das deutsche Reich bestimmten Kapitalien bis zum letzten Augenblick ausgenutzt werden konnten.

Die bei den Bankverbindungen des Schatzamts deponierten beträchtlichen Summen mussten die Depositare werbend anlegen, da sie ja für das französische Schatzamt zinsbar waren.

Sie wurden zur Diskontierung von Wechseln, insbesondere für die in England gebildeten Depôts, sowie zu Reportzwecken an ausländischen Börsen, und wahrscheinlich sogar an der Pariser Börse benutzt.

Viele dieser ausländischen Bankverbindungen des Schatzamts waren nämlich mit Pariser Häusern liiert oder dienten ihnen als Agenturen; es ist nicht unmöglich, dass die bei diesen Agenturen deponierten Kapitalien sofort nach Frankreich zurückgelangt sind, um, nachdem sie in Paris zu Reportierungen verwendet worden waren, wieder ins Ausland zurückzugehen und den französischen Agenten auf Verlangen ausgeantwortet zu werden

Wie wir bereits bemerkten, war in London eine französische Agentur eingerichtet worden, welche während der ganzen Dauer dieser umfangreichen Operationen dort die Geschäfte eines Kommissionärs des französischen Schatzamts verrichtete. In ihren Depôts befanden sich beträchtliche Summen, zum Teil aus von ihr einkassierten Londoner Wechseln, zum Teil aus dem Verkauf einer bestimmten Menge 3prozentiger Rente herrührend, welche das Schatzamt für Rechnung des Armee-Dotationsfonds zu realisieren genötigt war, und deren Verkauf an der Londoner Börse es einem solchen an der Pariser Börse vorzog, weil der Preis in Pfund Sterling bezahlt wurde. Dieser Verkauf belief sich auf 4 008 000 Fr. Rente.

Die Tätigkeit der Londoner Agentur war ausser auf die Unterbringung der Kapitalien, für welche das Schatzamt keine sofortige Verwendung bei den Zahlungen an das deutsche Reich hatte, auf den Umsatz ihres Besitzes in Pfund Sterling in deutsche Währungen gerichtet. Gleichzeitig kaufte sie, wenn auch nur in sehr geringem Umfange Gold und Silber an.[1]) Die Umsätze in deutsche Werte haben 31 687,315 Lstr. betragen, die Anschaffungen von Gold und Silber beliefen sich auf 1 132 094 Lstr.

Wir bringen im folgenden eine Uebersicht über das Konto des Schatzamts bei der Londoner Finanzagentur am letzten jedes Monats, in der Zeit vom 31. Dezember 1871 bis 31. August 1873.

---

[1]) Gold und Silber wurden für 1 132 094 Lstr. eingekauft; die Kaufgeschäfte wurden in Paris abgeschlossen und durch die Londoner Agentur ausgeführt, sie sind in der Folge in den Rechnungen der Agentur verzeichnet. Ebenso verhielt es sich mit der Umwandlung von Pfunden Sterling in deutsche Werte. Diese Tauschgeschäfte wurden bald in London, bald in Paris geschlossen, aber regelmässig in London erfüllt.

Konto des Schatzamts bei der Londoner Finanzagentur am letzten jedes Monats.

1871.						
Dezember	5 018 109	7	$4^3/_4$	zu 25,30	126 958 167	05
1872.						
Januar	6 044 055	18	$10^1/_4$		152 914 615	32
Februar	6 718 714	12	$0^1/_2$		169 983 479	43
März	3 215 013	12	$0^1/_2$		81 339 844	08
April	775 450	7	10		19 618 894	90
Mai	578 891	8	$0^3/_4$		14 645 952	45
Juni	1 001 673	15	$3^1/_4$		25 342 346	26
Juli	1 300 357	11	$3^1/_2$		32 899 046	37
August	8 006 452	17	$3^1/_2$		202 563 257	10
Septbr.	7 142 040	6	6		180 693 620	22
Oktober	6 747 944	9	$2^1/_4$		170 722 994	70
November	7 363 488	14	$4^1/_4$		186 296 264	55
Dezember	7 102 847	15	$4^1/_2$		179 702 048	54
1873.						
Januar	7 446 619	5	$4^1/_2$		188 399 467	49
Februar	5 439 090	8	$5^1/_2$		137 608 987	69
März	4 099 142	0	2		103 708 292	81
April	2 895 147	6	$3^1/_4$		73 247 227	81
Mai	2 696 299	8	$1^3/_4$		68 216 375	02
Juni	1 825 479	17	$11^1/_4$		46 184 640	40
Juli	1 253 837	16	$0^3/_4$		31 722 096	37
August	1 018 749	8	$4^1/_2$		25 774 560	29

Ebenso wie in London wurden auch in Berlin, Frankfurt, Amsterdam, Hamburg und Brüssel beträchtliche Depôts errichtet.

Am 31. Dezember 1872 befanden sich an kurzsichtigen Wechseln oder an einkassierten Wechselsummen folgende Beträge im Depôt:

In Amsterdam	22 960 000
„ Brüssel	109 418 000
„ Berlin	136 650 000
„ Frankfurt	6 025 000
„ Hamburg . . . . . . :	141 900 000

Die disponiblen Summen wurden an den Fälligkeitsterminen der Kriegsentschädigungsraten nach Berlin gesandt und durch die in der Folge weiter einkassierten Beträge ersetzt.

Die in Belgien gesammelten Kapitalien sind zu direkten Barsendungen nach Deutschland verwendet worden, und zwar in Form von Fünffrankstücken. Diese Sendungen sind in dem ersten Teil dieses Berichts unter der Rubrik: „Belgische Werte“ verzeichnet. Sie beliefen sich auf 18 Millionen Francs.

Dies waren die Zahlungsarten, deren die französische Regierung sich bediente, um die ungeheure Summe von 5 Milliarden aus Frankreich nach Deutschland überzuführen.

Frankreich ist durch sie nicht arm gemacht worden, und die Geldzirkulation hat durch sie so wenig Störungen erfahren, dass der Wechselkurs niemals so hoch gestiegen ist, wie man es hätte erwarten können. Wir sind vor einem Preissturz bewahrt geblieben, wie er anderen Ländern unter viel günstigeren Verhältnissen nicht erspart geblieben ist.

Frankreich brauchte nicht nur keine Geldkrisis durchzumachen, sondern hat sogar unter der Finanzkrisis, die an gewissen Plätzen des Kontinents so verhängnisvoll wirkte, weniger als andere Nationen zu leiden gehabt.

Die Ursache des Erfolges dieser ohne Beispiel dastehenden Wechseloperation ist nicht allein in der ungemeinen Geschicklichkeit, mit der sie durchgeführt wurde, zu suchen, sondern auch in dem Zusammenwirken verschiedener nicht leicht darzustellender Vorgänge, über welche wir uns zum Schluss noch auszulassen haben; von ihnen wird das fünfte Kapitel dieses Berichts handeln.

V.

Wir haben weiter oben die Massnahmen erörtert, welche die französische Regierung ergriffen hat, um die für Zahlung der fünf Milliarden Kriegsentschädigung erforderlichen Mittel anzusammeln, diese Mittel in ausländische Werte umzusetzen, und alsdann den Betrag nach Deutschland zu überführen.

Von diesen Massnahmen war die Anschaffung fremder Wechsel die fruchtbarste.

Das französische Schatzamt hat ein Portefeuille von Wechseln angesammelt, welches nach Deutschland entweder vor dem Inkasso durch Lieferung der Wechsel selbst, oder nach dem Inkasso durch Lieferung der eingezogenen Beträge gelangte. Dieses Portefeuille enthielt, wie wir sahen, mehr als 120 000 Papiere über einen Betrag von 4 Milliarden 248 Millionen Francs.

Man muss sich nun die Frage vorlegen, wie es den vom Schatzamt beschäftigten Bankiers oder sonstigen Agenten möglich gewesen ist, so viele Wechsel über so hohe Summen auf England, Holland, Belgien und Deutschland zwecks Verkaufs an die französische Regierung aufzubringen.

Die Auslandswechsel, die sich in einem Lande befinden, haben die Begleichung ebensovieler Schulden zum Zwecke.

Sie sind gleichsam die Fakturen über die Einkäufe des Auslandes oder Anerkenntnisse über vom Auslande kontrahierte Schulden. Es können sich auch gewährte Kredite darunter befinden, welche sich als antizipierte Zahlungen darstellen: diese Kredite oder Vorauszahlungen werden indessen über kurz oder lang durch Lieferung von Waren oder sonstigen Werten gedeckt. Der ausländische Wechsel stellt mithin vornehmlich die Bezahlung für ins Ausland gelieferte oder zu liefernde Werte dar. Dies ist, wenn nicht seine einzige, so doch seine hauptsächlichste Funktion; der Vollständigkeit halber wäre nur hinzuzufügen, dass der ausländische Wechsel ebenfalls den Ertrag im Ausland angelegter Kapitalien darstellen kann.

Welche wirtschaftlichen Vorgänge liegen den Wechseln zu Grunde, welche von den Agenten des Schatzamts in der Zeit von 1871 bis 1873 in unserem Lande aufgebracht worden sind?

Wenn man dies wüsste, so hätte man den Schlüssel zu alledem in der Hand, was sich während dieser drei Jahre auf dem französischen Markte ereignet hat; man könnte verstehen, wie sich die Ueberführung eines Kapitals von 5 Milliarden aus Frankreich nach Deutschland ohne Krisis ermöglichen liess; man hätte die Erklärung für eine geschichtliche Tatsache, welche nur durch ihre Verwirklichung einigermassen glaubhaft geworden ist und deren theoretische Begründung sich unserer Erkenntnis zum Teil entzieht.

Hält man ein wirkliches Portefeuille in der Hand und blättert man die darin enthaltenen Wechsel, Tratten und Anweisungen durch, so kann man bei einiger Geschäftskenntnis aus der Lektüre dieser Papiere auch die Art der ihnen zu Grunde liegenden Operationen erkennen.

Leider lässt sich dies Verfahren gegenüber einem Portefeuille, welches mehr als 120 000 Papiere über mehr als 4 Milliarden Francs enthielt, nicht einschlagen.

Man konnte hier alle Arten von Papieren vorfinden, von Wechseln über Beträge unter 1000 Fr. an bis zu Tratten über mehr als 5 Mill. Fr. In den einen waren Warenkäufe erwähnt, andere waren offenbar eigens fabrizierte Wechsel, welche bestimmt waren, am Fälligkeitstage wiederum durch Wechsel gedeckt zu werden, die ihrerseits wiederum als Zahlungsmittel für wirkliche Geschäfte ausgestellt werden sollten.

Aus Bankkrediten, aus dem Geldverkehr zwischen den Zentralen der Handelshäuser und ihren Tochterinstituten, aus

Arbitragegeschäften, aus Warenkäufen, aus der Regulierung französischer Kouponsforderungen gegenüber dem Auslande, aus allen diesen Verhältnissen stammten die hier befindlichen Wechsel, welche zusammen das gewaltigste Portefeuille bildeten, das sich jemals in der Hand eines Besitzers vereinigt hat.

Dieses Portefeuille hinterher im einzelnen klassifizieren zu wollen, wäre ein völlig vergebliches Bemühen; man muss sich vielmehr darauf beschränken, die Arten der Operationen, denen es sein Dasein verdankte, zu umgrenzen und hieran einige allgemeine Betrachtungen über die Wichtigkeit und den Sinn der in jeder dieser Operationen enthaltenen einzelnen Geschäfte anzuschliessen.

Vor fünfzig Jahren gab es keine anderen internationalen Operationen als solche über Waren oder bares Geld.

Waren, Gold und Silber waren die einzigen Objekte des Exports und Imports. Was man im Auslande kaufte, bezahlte man, sofern man nicht Waren in Zahlung gab, in Gold oder Silber. Man konnte damals in den Ausfuhr-Statistiken mehr oder minder genaue, aber immer konkrete Angaben über die Bewegung des Geschäftsverkehrs zwischen zwei Ländern finden. Seit 50 Jahren aber haben sich die Verhältnisse sehr geändert.

Man kann, namentlich seit 25 Jahren, im Weltverkehr das Vorhandensein eines neuen Exportartikels konstatieren, welcher in allen Ländern die anderen überflügelt hat und dessen Auftreten die Bedeutung der Ausfuhrstatistiken völlig verändert hat. Dieser neue Artikel ist das Wertpapier; es vollzieht sich nunmehr eine Auswanderung gewisser Arten des Kapitalsvermögens und zwar in der leicht beweglichen Gestalt von Wechseln, Rententiteln, Aktien, Eisenbahn- oder Industrie-Obligationen.

Um die wirkliche Bewegung des internationalen Handels zu erkennen, müsste man nicht allein über den Import und Export von Waren und Geld, sondern auch über die Ein- und Ausfuhr von Wertpapieren Bescheid wissen, und diese weitaus wichtigste Kategorie, welche den Schlüssel zum Verständnis der beiden anderen bildet, entzieht sich jeder Art von Statistik.

Wir werden im Folgenden über diese drei Kategorien internationaler Geschäfte die genauesten Feststellungen, welche wir zu machen im Stande waren, wiedergeben.

Ein- und Ausfuhr von Waren.

Auf diesem Gebiete gibt es keine anderen amtlichen Quellen, als die Handelsstatistiken. Sie lassen die ausserordentlich günstige Gesamtlage während der drei in Rede stehenden Jahre erkennen, enthalten indes, darüber hinaus, keine Erklärung dafür, dass in Frankreich in diesen drei Jahren 4 Milliarden 250 Millionen in Wechseln, also 1 1/2 Milliarden in Wechseln in einem Jahre, vorhanden waren. Wir bringen im Folgenden die Gesamtübersicht:

Jahre	Einfuhr	Ausfuhr	Einfuhr-überschuss	Ausfuhr-überschuss
1867	3026500000	2825900000	200600000	—
1868	3303700000	2789900000	513800000	—
1869	3153100000	3074900000	78200000	—
1870	2867400000	2802100000	65300000	—
1871	3566700000	2872500000	694200000	—
1872	3570300000	3761600000	—	191300000
1873	3600200000	3926900000	—	326700000

Diese Tabelle lehrt, dass bald nach Beendigung des Krieges der Aussenhandel Frankreichs einen beträchtlichen Aufschwung erfahren hat. Er hat alle seine früheren Errungenschaften an Bedeutung übertroffen und hat in 2 Jahren einen Ueberschuss der Ausfuhr über die Einfuhr von 518 Millionen Fr. erzielt, was vorher noch niemals dagewesen war.

Im entgegengesetzten Falle würde zweifellos die Regulierung der Kriegsentschädigung auf ungemeine Schwierigkeiten gestossen sein, und der Umstand, dass dieser Ueberschuss der Ausfuhr gerade während dieser zwei kritischen Jahre erzielt wurde, muss als ausserordentlich glücklich bezeichnet werden; aber jener Ueberschuss vermag den Ueberfluss an Wechseln, die dem Schatzamt angeboten wurden, bei weitem nicht zu erklären.

Abgesehen hiervon müssen wir aber auch in die von uns aufzustellende Berechnung das Resultat des Jahres 1871 miteinstellen: und durch letzteres werden die Ergebnisse der Jahre 1872 und 1873 völlig paralysiert.

Im Jahre 1871 überstieg die Einfuhr die Ausfuhr um 694 200 000 Fr. Hierdurch wird der Gesamtbetrag von 518 Millionen Ausfuhrüberschuss der zwei folgenden Jahre absorbiert, und selbst wenn man, der Vollständigkeit halber, dem Ueberschuss von 1872/73 den Betrag hinzuzählt, um den sich der Wert der eingeführten und demnächst wieder ausgeführten Waren in der Zwischenzeit vermehrt hat, so bleibt die Ziffer, zu der man gelangt, immer noch hinter dem Sechshundertvierundneunzigmillionendefizit des Jahres 1871 zurück.

Wollte man unterstellen, dass Frankreich durch seine sonstige wirtschaftliche Lage vor 1871 mit Hilfe der den fremden Käufern in Frankreich beständig eröffneten und erneuerten Kredite sich gleichsam im Wege der Prolongation von einem Jahre zum anderen als Gläubigerin des Auslandes behauptet habe, so wäre dies eine Hypothese von solcher Unwahrscheinlichkeit, dass ein Verweilen bei ihr sich erübrigt. Von England steht es fest, dass es der Gläubiger der ganzen Welt ist; dass aber Frankreich im Warenhandel in ähnlich ausgedehnter Weise, wie England, die Rolle eines Weltbankiers spielt, ist kaum zu glauben.

Aus den beiden weiter unten mitgeteilten Tabellen, welche die Bewegung des Verkehrs in Waren und Edelmetallen in der Zeit von 1827 bis 1873 darstellen, ergibt sich ausserdem ein Warenausfuhrüberschuss von 3 597 Millionen Francs und ein Geldeinfuhrüberschuss von 6 692 Millionen Francs. Bei einer Gegenüberstellung beider Zahlen erscheint Frankreich als Schuldnerin und nicht als Gläubigerin des Auslands.

Allerdings werden wir noch Veranlassung haben, einige Einwendungen gegen die Genauigkeit der Ausfuhrstatistik zu erheben, soweit die Bewegung der Edelmetalle in Betracht kommt. Bei diesen Einwendungen handelt es sich indessen nur um den Wertunterschied zwischen eingeführtem und ausgeführtem Golde.

Die weiteren Faktoren der Rechnung zwischen Frankreich und dem Auslande, nämlich die französischen Kapitalanlagen in ausländischen Werten und die durch Koupons repräsentierten Forderungen, welche seit einigen Jahren eine so grosse Bedeutung gewonnen haben, vermögen den Sinn unserer Tabellen nicht zu verändern. War nämlich Frankreich einerseits häufig und in beträchtlichem Umfange Anleihegläubigerin des Auslandes, so hat es gerade diese Art Forderungen und andere zu neuen Kapitalanlagen im Auslande benutzt. Diese Anlagen werden in der Zeit von 1860 bis 1870 nicht eingestellt, und es ist ganz ausgeschlossen, dass in der Zeit, von der wir sprechen, nämlich 1871, in dieser Beziehung irgend welche verfügbaren Forderungen bestanden haben. Wir werden weiter unten sehen, dass die Lage der Dinge in der Zeit von 1871 bis 1873 nicht die gleiche war; wir würden indes den folgenden Erörterungen vorgreifen, wenn wir uns schon an dieser Stelle über diesen Punkt näher verbreiten wollten.

Man muss somit einräumen, dass sich die grosse Zahl der Wechsel, welche sich gerade zur rechten Zeit vorfand, um die Fünfmilliardenoperation auszuführen, weder durch die Bewegung der Warenein- und -Ausfuhr von 1871 bis 1873 noch durch die in den früheren Jahren gewährten Warenkredite hinreichend erklären lässt. Die Bewegung von 1872 und 1873 hat die Operation erleichtert; hätte sie sich in entgegengesetzter Weise vollzogen, so würde sie sie gehemmt haben, in keinem Falle aber vermag sie das Vorhandensein eines Portefeuilles von der Grösse, wie es das Schatzamt zu erwerben vermochte, begreiflich zu machen.

Immerhin muss man bemerken, dass auf die Leichtigkeit, mit welcher es möglich war, Wechsel zu erwerben, der Bruttobetrag der Ausfuhr von Einfluss gewesen ist, unabhängig von dem Verhältnis, in welchem Ein- und Ausfuhr zu einander standen. Die Differenz von 176 Millionen zwischen Ein- und Ausfuhr in der Zeit von 1871 bis 1873 ergab sich nämlich aus einer Vergleichung von 10 737 Millionen Einfuhr und 10 561 Mill. Fr. Ausfuhr. Bei einer Warenausfuhr von 10 $^{1}/_{2}$ Milliarden Francs war die Möglichkeit gegeben, aus der Masse der zur Regulierung dieser Transaktionen geschaffenen Wechsel eine grosse Anzahl auszusondern, die sich das Schatzamt aneignete, indem es dem Handel und den Banken die Sorge überliess, mit Hilfe von Münz-, Wertpapier-, Umlaufs- und Kreditoperationen die Mittel zur Regulierung eines Teils der umgekehrten Transaktionen zu erlangen, welche in Höhe von 10 700 Mill. Fr. die Wareneinfuhr zum Gegenstande hatten. Was vor allem nötig war, war ein grosser Wechselmarkt, an dem sich die vom Schatzamt benötigten Papiere beschaffen liessen, und eben dieser grosse Markt war infolge der bedeutenden Entwicklung unserer Ausfuhr vorhanden.

Sieht man indess von der Belebung ab, die der Wechselmarkt durch diesen Umfang der Ausfuhr erfahren hat, so bildet die internationale Warenbewegung nicht den Schlüssel für die Operation des französischen Schatzamts.

Aussenhandel.

Zeitabschnitte	Einfuhr	Ausfuhr	Durchschnittlicher Einfuhr-Ueberschuss	Durchschnittlicher Ausfuhr-Ueberschuss	Gesamter Einfuhr-Ueberschuss	Gesamter Ausfuhr-Ueberschuss
	Millionen		Millionen		Millionen	
1827—1836	479,9	521,4	—	41,5	—	415,0
1837—1846	776,4	712,9	63,5	—	635,0	—
1847—1856	1077,1	1223,7	—	146,6	—	1466,0
1857—1866	2200,5	2430,1	—	229,0	—	2296,0
1867	3026,5	2825,9	200,6	—	200,6	—
1868	3303,7	2789,9	513,8	—	513,8	—
1869	3153,1	3074,9	78,2	—	78,2	—
1870	2867,4	2802,1	65,3	—	65,3	—
1871	3566,7	2872,5	694,2	—	694,2	—
1872	3570,3	3761,6	—	191,3	—	191,3
1873	3600,2	3926,9	—	326,7	—	326,7
					2187,1	4695,0
					2507,9	

Zeitabschnitte	Vorübergehend zugelassene Waren: Rohprodukte	Vorübergehend zugelassene Waren: Exportierte Fabrikate	Durchschnittlicher Einfuhr-Ueberschuss	Durchschnittlicher Ausfuhr-Ueberschuss	Gesamter Einfuhr-Ueberschuss	Gesamter Ausfuhr-Ueberschuss
			Millionen		Millionen	
1852—1856	20,8	29,2	—	8,4	—	42,0
1857—1866	66,1	136,7	—	70,6	—	706,0
1867	175,0	258,8	—	83,8	—	83,8
1868	111,7	184,0	—	72,3	—	72,3
1869	116,2	181,9	—	65,7	—	65,7
1870	67,2	112,4	—	45,2	—	45,2
1871	32,4	52,5	—	20,1	—	20,1
1872	73,8	128,7	—	54,9	—	54,9
						3597,9

Bewegung der Edelmetalle
(Gold und Silber in Barren und Münzen.)

Zeit-abschnitte	Einfuhr	Ausfuhr	Durchschnittlicher Ueberblick der Einfuhr	Durchschnittlicher Ueberblick der Ausfuhr	Gesamter Ueberblick der Einfuhr	Gesamter Ueberblick der Ausfuhr
	Millionen		Millionen		Millionen	
1827—1836	180,8	69,7	111,2	—	1112,0	—
1837—1846	171,1	75,5	95,6	—	956,0	—
1847—1856	363,3	224,4	138,9	--	1389,0	—
1857—1866	687,7	502,5	185,2	—	1852,0	—
1867	849,4	252,7	596,7	—	596,7	—
1868	686,6	365,0	321,6	—	321,6	—
1869	647,4	264,3	383,1	—	383,1	—
1870	416,4	261,2	155,2	—	55,2	—
1871	301,1	501,7	--	200,6	—	200,6
1872	383,0	333,4	49,6	—	49,6	—
1873	578,6	500,6	78,0	—	78,0	—
					6893,2	200,6
					6692,6	

Ein- und Ausfuhr von Münzen.

Die Bewegung der Münzen ist schwerer zu ermitteln, als die der Waren, weil die amtliche Statistik für die Edelmetalle keine gleich zuverlässigen Zahlen, wie für die Waren enthält.

Die Edelmetallhändler ziehen aus jeder ihrer Operationen einen ausserordentlich geringfügigen Nutzen, und nur die Menge kann ihnen ein vorteilhaftes Gesamtergebnis bringen.

Die geringste Erhöhung der Transportkosten genügt, um jedem Geschäfte Halt zu gebieten, und die Edelmetall-Händler sehen sich häufig genötigt, bei der Versendung unrichtige Erklärungen abzugeben, um einen Teil der Gebühren zu sparen; auf diese Art bleiben sie gewissermassen ihre eigenen Versicherer. Die von den Zollbehörden gesammelten ungenauen Deklarationen bilden nun aber die Grundlage der veröffentlichten Tabellen.

Die Zollausweise ergeben, was die Münzen anbetrifft, in den drei Jahren 1871, 1872 und 1873 eine Ausfuhr von

1335 Millionen und eine Einfuhr von 1262 Millionen Fr., wie sich dies auch aus der obigen Tabelle ergibt. Die französische Regierung selbst hatte — wie wir sahen — für Zahlungen an das deutsche Reich 513 Millionen Fr. in barem Gelde ausgeführt, sodass — wenn die Ziffern der Zollbehörde richtig wären — der Handel nicht mehr als 820 Millonen Fr. in Bargeld ausgeführt haben würde. Aus privaten Mitteilungen dreier Pariser Häuser, welche sich vornehmlich mit dem Edelmetall-Handel beschäftigen, entnehmen wir indessen, dass einzig und allein diese drei Häuser während jener drei Jahre für 850 Millionen Fr. Edelmetalle ausgeführt haben.

Die Zollausweise sind somit keine zuverlässige Quelle für die Edelmetall-Bewegung in den Jahren 1871, 1872 und 1873.

Etwas, worüber man einigermassen genau Bescheid weiss, ist der Umfang der Weltproduktion an Edelmetallen und der Münzprägung in den einzelnen Staaten.

Die Produktion von Gold und Silber ist sehr sorgfältig erforscht worden, und man konnte über die in Europa, in den Vereinigten Staaten und in den britischen Kolonien vorhandenen Gold- und Silbermengen Uebersichten aufstellen, welche als einigermassen zuverlässig gelten.

Seit 1848 hat sich diese Menge bekanntlich zufolge der Auffindung von Goldminen in Kalifornien und in Australien beträchtlich vermehrt.

Die bei Revision der Münzkonvention seitens des belgischen Finanzministeriums veranstaltete Veröffentlichung enthält eine Tabelle des Gold- und Silbervorrats der Kulturstaaten des Occidents am Ende jedes Jahres in der Zeit von 1849—1867 (6. Fasc. S. 15).

Laut dieser Tabelle betrug im Jahre 1867 der Goldvorrat 25 141 Mill. Fr. und der Silbervorrat 18 629 Mill. Fr., beide zusammen also 43 770 Millonen, gegen nur 34 488 Millonen im Jahre 1849.

Die Differenz ergibt, für Gold und Silber zusammen, einen Zuwachs von 9282 Mill. Fr., die Vermehrung des Goldes allein beläuft sich indessen auf 10 728 Millionen, während sich das Silber — infolge fortgesetzter Ausfuhr nach China und Indien — um 1446 Mill. Fr. vermindert hat.

Gold- und Silbervorrat der westlichen Kulturländer am Ende jedes Jahres, von 1849—1867 (in Tausenden Francs)

Gold zu 3444,44 Fr. Silber zu 2222,22 Fr. das Kilogramm.

	Gold	Silber	Zusammen
1849	14 413 259,1	20 075 243,6	34 488 502,8
1850	14 788 014,2	20 050 910,6	34 838 924,8
1851	15 240 613,6	20 017 799,8	35 258 413,4
1852	16 002 523,8	19 981 555,7	35 984 079,5
1853	16 810 589,4	19 933 267,3	36 743,856,7
1854	17 522 210,7	19 888 534,4	37 410 745,1
1855	18 215 576,5	19 855 423,6	38 071 000,1
1856	18 950 619,9	19 824 312,8	38 774 932,8
1857	19 654 319,0	19 640 892,4	39 295 211,5
1858	20 335 284,8	19 476 716,3	39 812 001,2
1859	20 962 517,3	19 309 095,8	40 271 613,1
1860	21 536 361,1	19 150 630,7	40 686 991,8
1861	22 110 893,7	19 001 698,8	41 112 592,5
1862	22 907 248,2	18 829 322,8	41 732 571,0
1863	23 020 570,3	18 677 146,5	41 697 716,8
1864	23 480 058,5	18 517 392,6	41 997 451,1
1865	23 965 724,6	18 399 238,2	42 364 952,8
1866	24 535 090,5	18 449 237,7	42 984 328,2
1867	25 141 312,0	18 628 702,6	43 770 014,6

Diese Vermehrung des Goldes ist Frankreich sowohl absolut als auch relativ am meisten zu gute gekommen: es war das klassische Land der Goldeinfuhr ebenso wie Indien das klassische Land der Silbereinfuhr war, und dieser Goldverbrauch Frankreichs lässt sich fast ebensoschwer erklären wie der Silberverbrauch Indiens.

In Frankreich wurde in der Zeit von 1848 bis 1871 für 6640 Mill. Fr. Gold ausgeprägt, nämlich:

1848—1851	421 709 260
1852—1856	1 822 230 305
1857—1861	2 290 617 475
1862—1866	1 227 273 155
1867—1871	878 407 065
	6 640 237 260

Während der nämlichen 24 Jahre wurden in England, Australien und den Vereinigten Staaten 8 449 550 000 Fr. Goldes ausgeprägt (das Pfund Strl. zu 25 Fr. gerechnet) nämlich

in England	3 090 100 000
in den Vereinigten Staaten .	4 639 475 000
in Australien	719 975 000

Somit hat von dem in der Zeit von 1848—1871 in den vier grossen Goldwährungsländern geprägten Golde Frankreich allein 44 % absorbiert.

Andererseits beläuft sich die Einwohnerzahl dieser vier Länder auf 109 Millionen, wovon 36 Millionen auf Frankreich, 32 Millionen auf England, 39 Millionen auf die Vereinigten Staaten, zwei Millionen auf Australien entfallen: auf Frankreich kommen somit im Verhältnis nur 33 %.

Berücksichtigt werden muss indessen der Bevölkerungszuwachs während 24 Jahren. In England betrug er 4, in den Vereinigten Staaten 17, in Australien 2 Millionen, während in Frankreich die Bevölkerungszahl fast unverändert geblieben ist: 35 781 000 Einwohner im Jahre 1851 gegen 36 103 000 Einwohner im Jahre 1871.

Obgleich sich also die französische Bevölkerung kaum vermehrt hat und nur 33 % der Gesamtbevölkerung der vier erwähnten grossen Länder beträgt, so hat es doch von den seit 24 Jahren geprägten Goldmünzen 44 % absorbiert.

Wir durften demnach mit Recht behaupten, dass Frankreich von der Vermehrung des Goldvorrats im Laufe von 25 Jahren den grössten Vorteil gehabt hat.

Wie wir sahen, belief sich die Ausprägung von Goldmünzen auf 6640 Millionen Fr., also für eine Periode von 24 Jahren im Durchschnitt auf 276 600 000 Fr. im Jahre.

Ein Teil dieses Goldes hat das alte Silbergeld ersetzt, auf welchem die Währung vor 1848 beruhte, denn während seit Beginn des Jahrhunderts 5 Milliarden Fr. in Silber geprägt waren, schätzte man die Summe des in Frankreich existierenden Silbergeldes im Jahre 1869 auf nur ca. eine Milliarde.

Die meisten Nationalökonomen veranschlagten das französische Metallgeld im Jahre 1848 auf 2 bis 3 Milliarden, und seit dieser Zeit sind, wie bemerkt, für 6640 Millionen Fr. Goldmünzen ausgeprägt worden. Es lässt sich schwer ermitteln, was hiervon in der Zwischenzeit ausgeführt oder wiederum eingeschmolzen worden ist, wahrscheinlich aber ist ein grosser Teil dieses gemünzten Goldes als umlaufendes oder thesauriertes Geld in Frankreich verblieben und Wolowski glaubte sagen zu dürfen, dass der Betrag des in Frankreich existierenden Metallgeldes sich gegenwärtig auf 5 bis 6 Milliarden Fr. belaufe.

Wieviel hat Frankreich von 1870—1873 von diesem Münzvorrat verloren? Das lässt sich nur schwer bestimmen. Offensichtlich hat es Gold verloren, dagegen Silber zurückgewonnen. Nach der Exportstattstik hätte es 376 000 000 Fr. an Gold exportiert und 304 000 000 Fr. an Silber importiert; aber diese Statistik gibt eine exakte Auskunft nur bezüglich der Richtung der Exportbewegung, nicht bezüglich des ziffermässigen Betrags; die soeben genannten Ziffern sind nicht verlässlich genau, zum mindesten nicht hinsichtlich des Golds, dessen geringes Gewicht im Verhältnis zum Wert leichter Täuschungen möglich macht, als das Silber. Wir können uns auf zwei ausländische Dokumente beziehen, die uns einigen Anhalt über den von uns erlittenen Verlust in Goldmünzen gewähren; das eine ist ein Ausweis über die von Deutschland zur Durchführung der Goldwährung gebrauchten Goldmengen; das andere eine ziffermässige Aufstellung der von 1870—1873 von der Bank von England gekauften 20 Fr.-Stücke in Gold. Die deutschen Münzstätten haben im Betrage von 847 000 000 Fr. 20 Fr.-Stücke eingeprägt; die Bank von England hat in den Jahren 1870 bis 1873 197 000 000 Fr. in 20 Fr.-Stücken aufgekauft. In den 847 000 000 Fr., die in den deutschen Münzstätten eingeprägt worden sind, stecken aber 42 000 000, die in England gekauft worden sind, und da die Bank von England noch im Juni 1874 116 Millionen in französischer Goldmünze verkauft hatte, ist anzunehmen, dass die in England von Deutschland gekauften 42 Millionen nochmals mit in den 197 Millionen der Bank von England enthalten sind. Etwas mehr als 1 Milliarde Fr. in 20 Fr.-Stücken sind hiernach nachweislich ins Ausland gegangen. Die Bank von Amsterdam hat gleichfalls eine auf 90 000 000 Francs zu schätzende Summe von 20 Fr.-Stücken in Empfang genommen. Kompensiert man indess die für die Bank von Amsterdam bestimmten Aussendungen von 20 Fr.-Stücken mit den Beträgen der zu Münzzwecken erfolgten deutschen Käufe, welche von anderer Seite als von Seiten Frankreichs herrühren können, so kann man den von Frankreich in seinem Geldumlauf erlittenen Verlust mit einiger Sicherheit auf etwa 1 Milliarde Fr. schätzen. Hiervon sind 273 Millionen direkt durch die Regierung exportiert worden, der Rest, also etwa 730 Millionen, ist zweifellos zur Anschaffung der Wechsel verwandt worden, welche dem Schatzamt in einer Gesamthöhe von 4 250 000 000 verkauft worden sind und teilweise auch als Gegenwert bei den Silberimporten gedient haben.

Andererseits ist gegenüber dem Verluste im Goldumlauf eine Vermehrung im Silberumlauf erfolgt. Infolge des Sinkens des Silberpreises sind jedenfalls ganz erhebliche Silbermengen nach Frankreich abgestossen worden. Die Münze hat von 1870 bis 1873 Silberstücke im Betrage von 237 000 000 Fr. geprägt, davon sind 92 Millionen für Rechnung der Regierung mit Hamburger Silber geprägt und nach Deutschland verschickt worden.

Es wären demnach 145 Millionen in 5 Fr.-Stücken in Frankreich geblieben. Die Exportstatistik weist 304 Millionen aus, in dieser Ziffer sind ausser dem ungeprägten Metall die geprägten Münzen enthalten, und diese Angabe ist unseres Wissens durch keinen urkundlichen Bericht in Frage gestellt worden. Die wahrscheinlichen Ziffern sind hiernach also ein Verlust von 1 Milliarde in Gold und ein Zugang von 300 Millionen in Silber, d. h. für den gesamten Münzmetallbestand Frankreichs ein schliesslicher Verlust von 700 Millionen Fr. = 11—14%. Verglichen mit verschiedenen Aufstellungen der Bank von Frankreich seit 1870 erscheinen diese Angaben ziemlich genau. Wir sprechen hier wohlgemerkt nur von der Zeit, in welcher die 5 Milliarden-Zahlung vor sich ging, also von 1870 bis zum Herbst 1873, da ja seit dieser Zeit der Metallbestand wieder auf den früheren Status gebracht worden ist. Man kann annehmen, dass heute unser Münzbestand genau so gross ist wie vor dem Kriege. Am 7. Juni 1870 betrugen die Kassenbestände der Bank von Frankreich 1 311 000 000 Fr.; am 11. September 1873 nur noch 708 Millionen Fr., während zu den gleichen Zeitpunkten die Notenzirkulation 1 375 000 000 Fr. und 2 881 000 000 Fr. betrug. Im Juni 1870 ergänzten die Banknoten den Metallbestand Frankreichs mit 64 Millionen, am 11. September 1873 mit 2 179 000 000 Fr. Da die Wertminderung der Banknoten wenig fühlbar gewesen ist, so ist anzunehmen, dass die Gesamtheit der Umlaufmittel unverändert blieb, was vermuten liesse, dass der Ausfall im Metallbestand 2 100 000 000 betragen und in dieser Höhe durch Notenumlauf ersetzt worden wäre; das würde eine Differenz von 1 400 000 000 gegenüber den von uns vertretenen Angaben sein; indessen widersprechen sich die beiden Ziffern nicht, denn die Banknoten ersetzen das dem Umlauf entzogene Metall sowohl, soweit es thesauriert als soweit es exportiert wird; sehr wahrscheinlich ist eine Thesaurierung infolge der Wirren der Jahre 1870 und 1871 in ziemlichem Umfange vorgenommen worden, und man kann vielleicht annehmen, dass sie 1 400 000 000 Fr. aus dem Umlauf zog.

Dies sind die uns zugänglich gewesenen Mittel zur Aufkläruung über die Frage der Bewegungen in unserem Geldumlauf. Sind die erhaltenen Ergebnisse auch nicht ganz exakt, so erlauben sie doch die Behauptung, dass der Export an Münzgeld ebensowenig wie der Warenexport eine Erklärung für das durch das Schatzamt erworbene Portefeuille an die Hand gibt. Bei einem von uns ingesamt auf 700 000 000 Fr. geschätzten Export hat das Schatzamt dem deutschen Reich direkt 500 000 000 Fr. Münzgeld übermacht; in der Bewegung der

Edelmetalle würde man demnach nur 200 000 000 Fr. finden, die zur Anschaffung der vom Schatzamt aufgekauften Wechsel Verwendung fanden.

Die Ein- und Ausfuhr von Effekten.

Wir haben schon darauf hingewiesen, dass im internationalen Verkehr seit 25 Jahren der Wertpapier-Verkehr immer bedeutungsvoller geworden ist. Wie Frankreich in dieser Zeit grosse Goldmengen absorbiert hat, so hat es auch gewaltige Effektenmengen absorbiert, und zwar etwa jährlich durchschnittlich 7—800 Mill. Fr. Importiertes Gold konsumiert den Kaufpreis, ohne eine Rente abzuwerfen; die aus dem Ausland bezogenen verzinslichen Werte gewähren dagegen Erträgnisse. Um ausländische Effekten zu kaufen, muss man fremdes Geld kaufen; will man aber die Erträgnisse des im Auslande angelegten Kapitals beziehen, so muss man es verkaufen. Die Einfuhr ausländischer Effekten schafft für die Zukunft solches Tauschgeld entsprechend dem Jahresertrag dieser Effekten. Die von Frankreich im Ausland gemachten Vermögensanlagen sind demnach schliesslich mit den Zinsen der früher gemachten verzinslichen Anlagen bezahlt worden. Stimmt dies — und die Tatsachen bezeugen es ja — so ist wohl begreiflich, wie eine dreijährige Pause in den Placements im Ausland sowie in der Goldeinfuhr gewirkt haben muss. Das hat sich denn auch gezeigt. Vor dem Kriege gab es in Frankreich grosse Mengen fremdes Geld, das aus der Einlösung der fälligen Kupons verzinslicher ausländischer, im Besitze von Franzosen befindlicher Effekten herrührte; den Betrag dieses fremden Geldes schätzt man mit 600 bis 700 Millionen pro Jahr nicht zu hoch. Rechnet man hierzu die aus dem Auslande herrührenden, in Frankreich verbrauchten Einkünfte der ausländischen Reisenden, die sich zeitweilig bei uns aufhalten, so ergibt sich weiter eine Summe von mindestens 200—300 Millionen jährlich. Es gab demnach in Frankreich vor dem Kriege fremdes Geld im Betrage von 800 - 900 Millionen, vielleicht auch von einer Milliarde Francs pro Jahr, die ihre Verwendung bei neuen Placierungen in ausländischen Werten fanden oder eine ständige Goldeinfuhr ermöglichten, wie sich auch immer die Handelsbilanz gestaltete. Frankreich konnte demnach vor 1870 leicht innerhalb drei Jahren 3 Milliarden Francs, vielleicht sogar noch mehr, im Ausland anlegen, ohne dadurch den Geldmarkt zu erschüttern. Annähernd so verhielt es sich wohl auch in den drei dem Kriege folgenden Jahren.

Es ist nun anzunehmen, dass ein Teil der exotischen Werte exportiert worden ist und dass in den Jahren 1871 bis 1873 die Ausgaben der Ausländer in Frankreich nicht die Höhe der Ziffer der Jahre 1860—1870 erreichten; aber wollte man nur einen Export von fremdländischen Werten in Höhe von 2 Milliarden Francs annehmen, was schon recht bedeutend wäre, so würde das allein schon einen Jahreszins von etwa 100 Mill. Fr., in drei Jahren also 300 Millionen ausmachen. Man kann also annehmen, dass wir in dieser Weise noch 2—2½ Milliarden — wenn nicht mehr — fremdes Geld zu der 5 Milliarden-Transaktion zur Verfügung hatten. Genaue ziffernmässige Angaben über die hierbei erfolgte Ausfuhr der fremden Werte sind nicht vorhanden.

Zu dem hier fraglichen Export muss man nun wohl hinzurechnen, was von den französischen Anleihen eine Zeit lang im Ausland verblieben ist; aber die Länder, wo Ersparnisse gemacht werden — und Frankreich gehört zu diesen Ländern — holen ihre Anleihen sehr schnell in die Heimat zurück. Die 5 % oder 3 % französische Anleihe, die man ins Ausland verkauft oder dort plaziert hatte, haben ihren Weg denn auch sehr bald nach Frankreich zurückgefunden und ehe das Jahr 1874 vorübergegangen sein wird, wird man sagen können, dass die 5 Milliarden Anleihen im Lande selbst und ohne Hilfe des Auslands untergebracht worden sind.

Was aber die vom Schatzamt durchgeführte Transaktion angeht, sowie die Zusammensetzung des ad hoc von ihm gesammelten Wertpapierportefeuilles von mehr als 4 Milliarden, so darf man sagen, dass die Koupons der in Frankreich gebliebenen fremdländischen Werte und die exportierten fremdländischen Werte den grössten Teil, ja beinahe das gesamte Portefeuille ausgemacht haben; man kann dabei von der Warenbewegung ganz absehen, welche für die 3 Jahre balanciert hat, und ebenso von der Bewegung der Edelmetalle, die nicht so sehr ins Gewicht fiel, als man vermuten konnte und neben den durch das französische Schatzamt an das deutsche Reich gerichteten direkten Sendungen kaum in Betracht kommt.

Die ganze Transaktion vollzog sich so, als wenn die 5 Millarden in Rententiteln nach Berlin gesandt worden wären, und als wenn die Franzosen ihre Ersparnisse nach Berlin gesandt hätten, um die Rententitel zurückzukaufen, so wie sie sie vorher nach Italien, den Vereinigten Staaten, nach Oesterreich und der Türkei schickten, um italienische, amerikanische, türkische Rente oder Aktien und Obligationen der österreichischen Bahnen zu kaufen.

Druck von A. W. Hayn's Erben, Berlin und Potsdam.

Graphisc

der Kursbewegung der D

in der Zeit von Ju

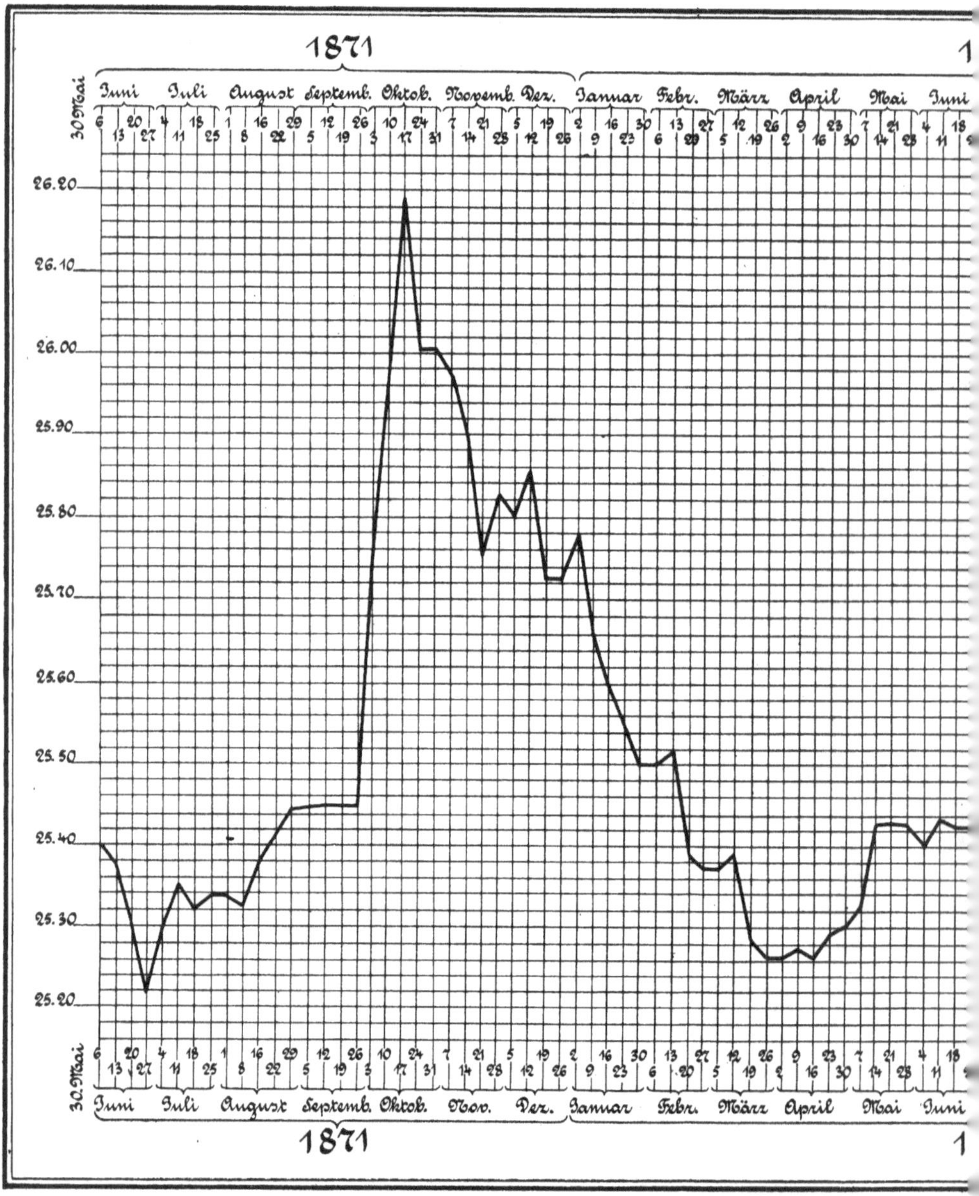

rstellung

ndon an der Pariser Börse

September 1873.

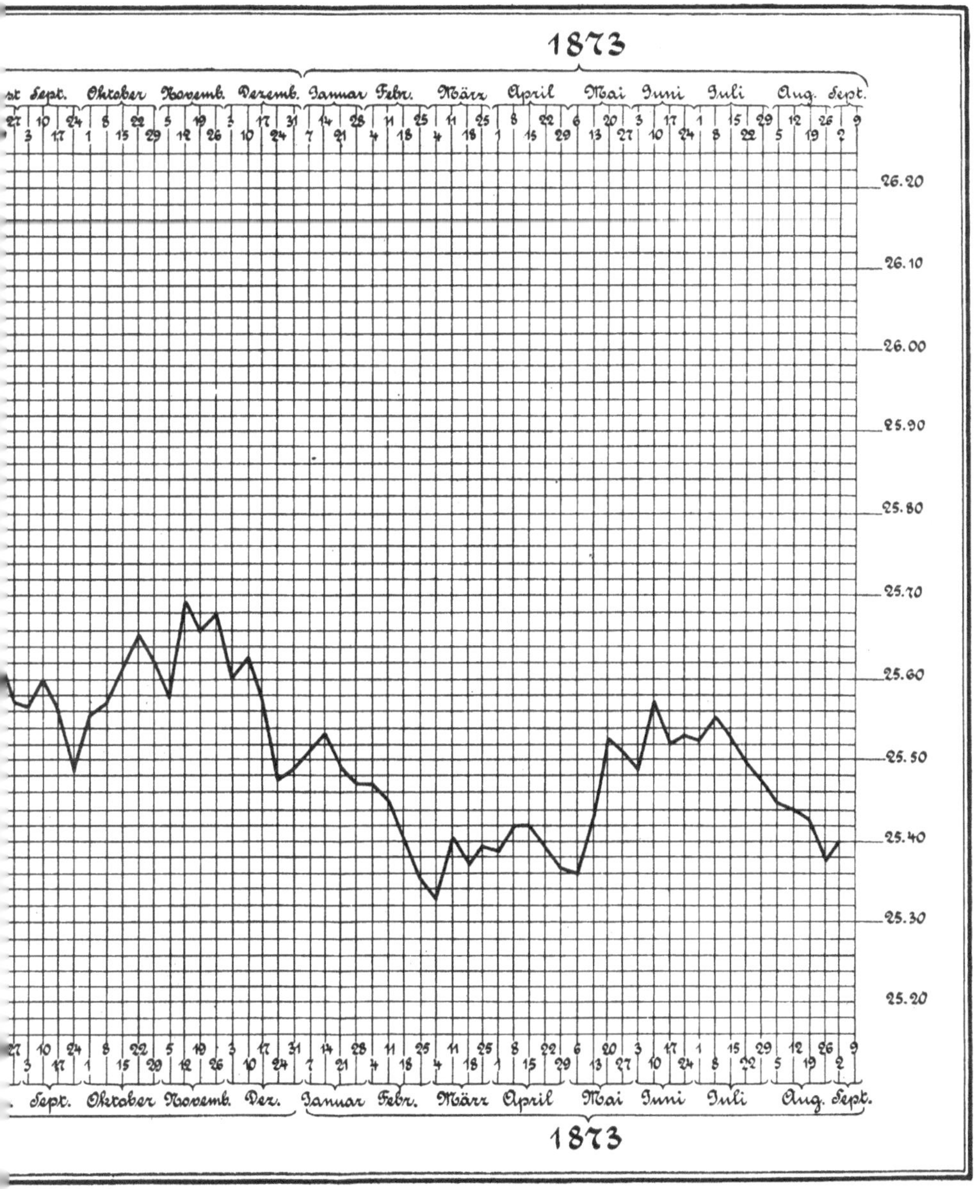

FSC
www.fsc.org
MIX
Papier | Fördert gute Waldnutzung
FSC® C083411

Kolibri 360 GmbH
Ferdinand-Jühlke-Straße 7
99095 Erfurt, Deutschland
produktsicherheit@kolibri360.de